沙迦酋长

苏尔坦·本·穆罕默德·卡西米自传

III

团结年代

1979—1987

[阿联酋] 苏尔坦·本·穆罕默德·卡西米 著

赵东林 译

江苏凤凰文艺出版社
JIANGSU PHOENIX LITERATURE AND ART PUBLISHING, LTD

图书在版编目（CIP）数据

沙迦酋长苏尔坦 • 本 • 穆罕默德 • 卡西米自传. 3，团结年代：1979—1987/（阿联酋）苏尔坦 • 本 • 穆罕默德 • 卡西米著；赵东林译. — 南京：江苏凤凰文艺出版社，2017.10

ISBN 978-7-5399-4851-5

Ⅰ. ①沙… Ⅱ. ①苏… ②赵… Ⅲ. ①苏尔坦 • 本 • 穆罕默德 • 卡西米—自传 Ⅳ. ① K833.877=6

中国版本图书馆 CIP 数据核字（2017）第 213028 号

著作权合同登记号　图字：10-2016-601 号

书　　名	沙迦酋长苏尔坦 • 本 • 穆罕默德 • 卡西米自传 3 团结年代 1979-1987
著　　者	［阿联酋］苏尔坦 • 本 • 穆罕默德 • 卡西米
译　　者	赵东林
责任编辑	孙　茜
出版发行	江苏凤凰文艺出版社
出版社地址	南京市中央路 165 号，邮编：210009
出版社网址	http：//www.jswenyi.com
印　　刷	三河市华东印刷有限公司
开　　本	718 × 1000 毫米　1/16
印　　张	11.25
插　　页	8
字　　数	150 千字
版　　次	2017 年 10 月第 1 版　　2020 年 1 月第 2 次印刷
标准书号	ISBN 978-7-5399-4851-5
定　　价	198.00 元（全四册）

（江苏凤凰文艺版图书凡印刷、装订错误可随时向承印厂调换）

本书作者（左）与总统谢赫扎耶德·本·苏尔坦·阿勒纳哈扬。

1979年1月20日，本书作者（右）在王储位于哈利德亚的行宫，与阿布扎比王储，武装力量副最高指挥官谢赫本哈利法·本·扎耶德·本·苏尔坦·阿勒纳哈扬见面。

1979年1月，在罗拉广场为美国前总统杰拉德·福特举办欢迎庆典。

本书作者与美国前总统杰拉德·福特在沙迦罗拉广场。

谢赫扎耶德·本·苏尔坦·阿勒纳哈扬在扎耶德港欢迎英国女王伊丽莎白首次访问阿拉伯联合酋长国。

1979年1月24日，本书作者（右）与谢赫扎耶德·本·苏尔坦·阿勒纳哈扬、伊丽莎白女王、菲利普亲王在阿布扎比的穆沙拉夫宫。

1979年5月28日，副总统兼总理谢赫拉希德·本·赛义德·马克图姆在沙迦政府大厦与作者见面，讨论新内阁的组成问题。

本书作者为沙迦新国际机场剪彩，周围是阿治曼王储兼副酋长谢赫侯麦德·本·纳伊米殿下、知名谢赫，以及多国大使。

本书作者视察霍尔法坎及包括鲁鲁耶和祖巴拉在内的周边村庄，听取当地居民的要求、了解问题。图中左起为：作者，谢赫沙特·本·哈利德·卡西米（已故），迪芭希森家族的阿里·穆罕默德·阿里·马里赫（已故）和阿勒赛义德·萨利赫·艾哈迈德·赛义德·阿米勒（已故），以及鲁鲁耶地区的阿卜杜拉·马克鲁夫·纳卡比（已故）。

视察霍尔法坎。左起正面为：祖巴拉地区王子，萨利赫·默罕默德·阿里·纳卡比（已故），作者，谢赫沙特·本·哈利德·卡西米。

1980年10月，萨加地区发现石油和天然气，1982年6月20日，本书作者为萨加油田的开工牌揭幕。作者推动启动杆，气泵开始将天然气抽入输送管道。

1981年5月13日，本书作者在沙迦赛义夫宫会见印度总理英迪拉·甘地。

1982年5月28日，在新德里共和宫的总统办公室，作者与印度总统尼兰·桑吉瓦·雷迪见面。

1982年5月29日晚，印度副总统西达亚特·阿拉设晚宴，英迪拉·甘地和作者的沙迦代表团出席。

1982年5月30日，本书作者参观位于勒克瑙的由谢赫阿比·哈桑·纳德维主持的学者研修院，并发表演讲。

1983年4月16日，本书作者在拉瓦尔品第的友好宫与巴基斯坦总统穆罕默德·起亚哈克会面。

1983年4月19日，本书作者参观巴基斯坦杰赫勒姆的圣训大学，出席学校的欢迎仪式，并为校医院奠基。此图为作者与学校创建人谢赫阿卜杜勒·加富尔见面时的场景。

1983年4月19日，本书作者被费萨尔农业大学授予理学荣誉博士学位。

1984年3月24日，本书作者在塞莱拉的希森宫与阿曼苏丹卡布斯·本·赛义德会面。

1984年3月25日，在塞莱拉希森宫花园观看民间舞蹈表演。

1985年2月25日，本书作者会见巴林埃米尔谢赫伊萨·本·萨勒曼·哈利法。

1985年1月21日，本书作者会见比利时王储阿尔伯特王子。

比利时王储授予本书作者比利时最高荣誉勋章——“大绶带级利奥波德民事勋章”。

1984年3月15日，本书作者访问孟买档案馆，查阅到研究所需的大多数原始文献。图中左起分别：档案馆长S.D.卡尔尼克博士、穆罕默德·阿卜杜勒·哈伊·沙班博士、作者。

1985年5月10日，本书作者获得历史学博士学位。

1986年3月16日，阿尔及利亚总统沙兹利·本·贾迪德在办公室会见本书作者。

1986年3月16日，本书作者在文化宫发表题为《阿尔及利亚革命的胜利》的演讲。

1987年2月14日，阿拉伯也门共和国总统阿里·阿卜杜拉·萨利赫上校在萨那的武装部队总部办公室会见本书作者。

1987年2月14日，本书作者参观建筑风格独特的萨那老城。

1987年2月17日，苏丹总统艾哈迈德·米尔加尼授予本书作者荣誉绶带，以表示对作者支持苏丹–联合酋长国关系发展的高度认同。

1987年2月18日，本书作者为喀土穆大学沙迦礼堂落成揭幕，并就阿拉伯同非洲关系的未来发表演讲。

目 录

Contents

前言

过去的四年里，我一直在悉心记录自童年起所经历的最重要的事件，尤其是那些和国家大事有着清晰而直接联系的事件，不仅涉及沙迦，也包括沙迦以外更广大的地区。《我的早年岁月》是我的自传的第一卷，时间跨度覆盖了从童年到就任沙迦酋长的这段时间。自传第二卷《危机岁月：1971–1977》记述了阿拉伯联合酋长国的建国经过，涉及我的国家在这一过程中面临的危机和挑战，以及我在其中扮演的角色。

阿拉伯联合酋长国成功地度过了1971到1977年的危机岁月，成为一个更强大的国家，也更有实力去面对困难与挑战。但是，由于我们这个现代联邦国家是阿拉伯世界不可分割的一部分，而且我们国家的内部团结与阿拉伯世界的团结同等重要，身为沙迦酋长我始终不懈努力，视巩固联邦团结为自己的神圣职责。在增进团结的过程成中，我也一直对民众要求统一的呼声深表钦佩；同样重要的是，我一直认为我们必须让世界相信，阿拉伯人的智慧和文化使他们具备应对挑战的能力和信心，并且有能力挫败敌人的阴谋。

我一直致力于宣传阿拉伯和穆斯林的正面形象，对自己所发挥的重要作用充满自信。为了实现这一目标，我每时每地都倾心尽力，以突出阿拉伯民族的存在，彰显阿拉伯穆斯林作为人类文化与文明参与者的历史地位。在实现我的目标的过程中，我遭遇的反对和经历的痛苦一言难尽。但是，正如本卷将展示的那样，这只是为神圣的阿拉伯事业付出的一点小小的代价。

谢赫苏尔坦·本·穆罕默德·卡西米

第一章

象棋、政治，及伊丽莎白女王来访

1979年新年伊始，酋长国内外事情不断，最终导致了伊丽莎白女王陛下对阿拉伯联合酋长国的访问。

阿拉伯象棋联合会会议

1979年1月15日上午，在沙迦假日酒店，我宣布阿拉伯象棋联合会大会第一次会议开幕。阿拉伯联合酋长国象棋联合会副主席，穆罕默德·奥贝德·哥巴什在大会发言，证实所有阿拉伯国家都参加了这次大会。科威特象棋联合会主席代表所有与会国家发言，感谢阿拉伯联合酋长国对各国代表的热情款待。大会主席、阿拉伯象棋联合会秘书长在发言中高度肯定了象棋联合会的重要作用。

秘书长说："我们的犹太复国主义敌人曾经试图在特拉维夫主办象棋赛，但是阿拉伯象棋联合会致信世界各国的联合会，在促请他们不要去以色列参赛的同时，邀请他们参加同一时间在利比亚举办的比赛。我们的努力获得了巨大成功，71个阿拉伯和非阿拉伯国家参加此次锦标赛，成为阿拉伯象棋联合会的一个成功范例。"

在宣布大会第一次会议开幕后，我会见了各代表团成员，祝愿他们成功。我向他们呼吁，我们必须忘掉分歧，要多参加阿拉伯人自己举办的会议，并充分意识到这样做的重要性，因为这些会议扩大了阿拉伯国家之间的合作机会，向世界表明我们行动的一致性。我还鼓励各代表团的团长支持和宣扬这一理念，并希望他们以积极的态度参与讨论会议期间提出的各种问题。

伊朗国王流亡

几乎在同时，1979年1月间本地区发生了一系列戏剧性事件。1月16日，在德黑兰，成千上万的民众走上街头抗议，军方领导人威胁武力镇压暴乱者和破坏分子，巴列维国王离开伊朗，反对国王的抗议因此演变成和平的欢庆场面。

1月20日上午，我和联合酋长国武装部队副总司令，阿布扎比王储谢赫哈利法·本·扎耶德·本·苏尔坦·阿勒纳哈扬殿下见面，地点在王储位于阿布扎比哈勒迪亚的王宫。我们交谈了大约两个小时，在场的还有联邦国民议会主席塔里亚姆·本·伊姆兰·本·塔里亚姆，外交部长艾哈迈德·本·哈利法·苏韦迪。加强联邦团结的措施是我们交谈的主要话题，另外还有若干重要的一般性问题，特别是伊朗局势。谢赫扎耶德·本·苏尔坦·阿勒纳哈扬总统殿下当时人在巴基斯坦，他早在1月4日就到了那里。

经济论坛

1979年1月21日，星期天，规划部长赛义德·哥巴什宣布经济论坛开幕，这是联合酋长国建国以来规模最大的经济论坛。250名商人、银行家，以及斯坦福大学经济与管理研究中心的经济学家和专业人士参加了论坛。

规划部长在论坛致开幕词，概述了联合酋长国经济发展最显著的特征。他还详细介绍了规划部过去七年的经验、经济和社会发展目标、以及规划部在实现目标过程的作用。

论坛讨论的中心议题与发展有关的全球性问题，以及规划与能源问题。石油与矿产资源部长曼尼·赛义德·奥泰巴博士也参加了讨论，并在主题为能源危机及其对世界经济发展影响的分组会上发言。参加本次论坛的还有沙特规划部长希沙姆·纳德尔博士，他在发言中介绍了沙特第一个五年计划的执行情况，计划将在下一年结束。论坛在阿布扎比会期三天，然后迁址迪拜，中心议题是银行与金融。

迪拜论坛开幕会后，与会代表被分成若干委员会，就广泛的议题展开讨论，涉及经济、能源、以及发展过程的基本结构。分组中包括一个规划与发展委员会，以及一个世界贸易委员会。货币委员会主席阿卜杜勒·马利克·胡穆尔、海湾工业投资基金会主席阿卜杜勒·拉提夫·贾贝尔参加了迪拜论坛。

1月25日，星期三，论坛迁址沙迦，主题是农业和服务业，我做了关于阿拉伯联合酋长国农业发展内容的讲座。

美国前总统福特

1979年1月25日，星期三。应我本人的邀请，美国前总统杰拉尔德·福特于这天上午抵达阿布扎比机场。我到机场迎接福特先生，并陪同他前往阿布扎比的穆沙拉夫宫，他将会见阿布扎比王储，武装部队副总司令谢赫哈利法·本·扎耶德·本·苏尔坦·阿勒纳哈扬殿下。双方的会谈在当天下午进行，我是联合酋长国代表团的团长，成员有阿布扎比王储，武装部队副总司令谢赫哈利法·本·扎耶德·本·苏尔坦·阿勒纳哈扬殿下，外交部长艾哈迈德·哈利法·苏韦迪，规划部长赛义德·哥巴什，以及负责外交事务的国务部长拉希德·阿卜杜拉。

美国方面参加会谈的有前总统杰拉尔德·福特，前国家安全顾问布伦特·斯考克罗夫特，以及美国驻联合酋长国大使弗朗索瓦·迪克曼。

会谈围绕美国的海湾地区政策和伊朗国内形势进行。会谈结束后，我陪同我的美国客人前往沙迦。

福特先生午饭后在下榻处稍事休息，然后来到罗拉广场[1],参加为他举办的欢迎庆典。罗拉广场四周是阶梯状的数层水泥平台，地面铺有沥青，刷成了棕色。广场上聚满了沙迦民众，欢迎庆典在美国国歌声中开始，首先是沙迦学校的男女学生的合唱，艾哈迈德·阿布·贝克尔作词，优素福·谢里夫作曲，穆罕默德·迪亚布·穆萨对歌曲做了介绍。歌中唱道：

蚁有穴，
鸟有巢，
狼有窝，
但是，巴勒斯坦人，
没有家。

学生们每唱完一段，我都要把歌词大意翻译给福特先生。歌

1 沙迦的一处古迹，19世纪在此种下第一棵榕树，当地称为“罗拉树”（rola tree），故得名。

曲之后是沙迦学校的男女学生表演的舞蹈，接着是民间艺术团表演的舞蹈节目。最后，警察乐队表演军乐行进间队形变换，欢迎庆典在在联合酋长国国歌声中结束。

1月25日晚上八点，我和美国前总统福特在他的沙迦下榻处举行会谈，福特先生的前国家安全顾问布伦特·斯考克罗夫特先生会谈时在场。会谈的主题是巴勒斯坦问题，时间跨度从犹太复国运动出现到1948年犹太复国主义者的屠杀暴行，杀害妇女、儿童和手无寸铁的老人。我向福特先生描述这些暴行的时候，眼里是止不住的泪。

我注意到，我的话感动了福特先生和他的顾问。我说：“不要只是同情我本人，我希望你们用大脑判断事情，而不是根据我或者任何一个阿拉伯人说了什么。”我还说：“你们要对犹太复国主义者文字记录的可信度有所判断，这些文字的作者本人就是大屠杀的参与者。只用这样你们才有可能做出合理的判断。”

“您想要什么呢？”福特先生问。

“我只想要一支枪。”我回答。

“我是说，您想要我做什么呢? 我，杰拉尔德·福特。”福特先生笑着问道。

“您刚才在广场上听到了孩子们唱的那首歌，他们要求巴勒斯坦人有自己的家园，我和他们的要求一样。”

“我向您保证，我本人将提出这个要求。”福特先生这样回答我。

第二天，也就是1979年1月26日，这天上午我们正准备出发去机场的时候，美国驻联合酋长国大使弗朗索瓦·迪克曼先生来到福特先生的下榻处。大使一边看着我，一边问福特先生："您昨晚和我的朋友谈得怎么样？"

"他颠覆了我的思维！"福特先生说。

后来，在1981年，美国前总统杰拉尔德·福特专程参加埃及总统安瓦尔·萨达特的葬礼。福特先生在葬礼上向记者们宣布："我要求，巴勒斯坦人必须有自己的家园！"

视察霍尔法坎

我对沙迦东部地区霍尔法坎镇的视察从1979年2月21日开始。视察第一站是哈利勒·本·艾哈迈德中学，我先参观教室和艺术展，展出的各式各样的艺术品都由学生自己制作。然后是师生见面会，地点就在学校的院子里。中学一年级学生伊斯梅尔·阿卜杜拉代表全体师生向我们表示敬意，感谢我接受他们访问学校的邀请。用伊斯梅尔同学自己的话说，这使我有机会亲眼目睹学校为培养教育学生付出的努力和辛勤工作；学校致力于培养有知识、未来在各行各业贡献与国家进步的良好公民，他们将以开阔的心胸、睿智的头脑报效国家，直至自己的国家达到与其他文明国家相同的发展水平。

教师代表阿卜杜勒·穆奈姆·阿瓦德是一位诗人，他朗诵了一首诗，称赞我为国家发展付出的长期努力和沙迦政府在教育发展中的作用。

我在师生见面会上演讲，对教师和学生们表示感谢，我对他们说：

> 我们的国家目前正在经历一个联合的过程，目的就

是为了克服帝国主义造成的不利影响。国家的统一进程在成功之前不可避免地会有挫折。德国的经验就是一个例证，德国在俾斯麦的领导下完成了统一，很多人因为国家的统一向俾斯麦表示感谢，可他却回答说："不要谢我，要谢学校的老师！"

因此，我们让教师们肩负起这个重任，我希望他们在学生的心里，在我们的阿拉伯联合酋长国，甚至在整个阿拉伯世界，播下团结的种子。

参观完学校，我接着视察霍尔法坎附近的耶尔穆克和赫丁，以及鲁鲁耶和祖巴拉的低收入家庭住房。当晚，我为霍尔法坎民间艺术会馆的启用剪彩。令我感到惊讶的是，会馆里设有专门的剧场。

1979年2月23日，参观完霍尔法坎文化与体育俱乐部，我乘坐联邦警察的直升机前往哈伊马角酋长国。谢赫阿卜杜拉·本·哈米德·卡西米不幸去世，我专程向联邦最高委员会成员，哈伊马角酋长谢赫萨克尔·本·穆罕默德·卡西米表示慰问。

从哈伊马角，我乘直升机直接飞往阿布扎比，与谢赫扎耶德·本·苏尔坦·阿勒纳哈扬总统殿下一道欢迎英国女王陛下来访。

英国女王访问联合酋长国

1979年2月24日上午10点整，"不列颠尼亚"号皇家游轮驶抵扎耶德港，船上是英国女王伊丽莎白二世和爱丁堡公爵菲利普亲王。

谢赫扎耶德·本·苏尔坦·阿勒纳哈扬殿下在码头迎接女王和亲王，然后，联邦最高委员会成员，也就是各位酋长，分别与女王和亲王握手问候。这是英国女王对阿拉伯联合酋长国的首次访问。

欢迎仪式后，女王夫妇和他们的随行人员前往下榻的阿布扎比艾美酒店。扎耶德总统殿下设午宴款待女王一行，外交部长艾哈迈德·苏韦迪利用午宴开始前的时间邀请我和外交部的年轻雇员见面。

我到达外交部大楼的时候，艾哈迈德·苏韦迪和副部长阿卜杜勒·拉赫曼·加尔万已在迎候。那次陪同我参观的是国务部长谢赫艾哈迈德·本·苏尔坦·卡西米。

在会见外交部年轻雇员的时候，我和他们谈到了当时巩固联邦的种种努力。艾哈迈德·苏韦迪事先让我多和年轻的外交人员谈谈海湾局势，从年轻人提出的问题来看，他们对本地区正在发生的事情高度敏感。

1月24日下午1点，我和谢赫扎耶德·本·苏尔坦·阿勒纳哈扬总统殿下一起欢迎英国女王和菲利普亲王，及其随行人员光临穆沙拉夫宫。在宴会上，我坐在菲利普亲王旁边，他跟我聊起上一次访问沙迦的情形，那次他访问澳大利亚，途经沙迦。亲王回忆说："我在英国军营住了一夜。"

我告诉他："您过夜的那个军官餐厅还在。"

亲王接着回忆："飞机从沙迦机场起飞前，有人开车带我游览沙迦城，我记得它是个靠海的小城。"

"沙迦现在是个很不错的城市了，我希望您和女王陛下明天访问沙迦的时候去城里看看。"我向亲王建议。

第二天，也就是1月25日，女王在迪拜观光。经事先和英国大使协商，女王于1月25日晚访问沙迦，女王在沙迦期间还要参观英国军营旧址，那个地方现在叫卡西米亚。为了迎接女王到访，我们为她安排了民间艺术表演和民俗展示。

我那天上午得知，女王的礼宾司就女王访问沙迦之事发来致歉信。原来，沙迦英文学校的一群男女学生参加了迪拜的欢迎仪式，按计划他们本该在沙迦欢迎英国女王，却被带到了迪拜。女王走到他们面前，说："我非常感谢你们，为了迎接我，你们不辞辛苦，赶了70英里的路。"

一个学生接口说："沙迦到迪拜只有5英里。"

在访问迪拜的那天晚上，女王在皇家游轮举办晚宴，迪拜酋长谢赫拉希德·本·赛义德·马克图姆殿下，和除我以外的北部酋长国的酋长出席。我缺席宴会，是因为女王取消了访问沙迦的计划。

1980年2月23日的晚上，英国负责外交事务的国务大臣道格拉斯·赫德阁下来沙迦看我。会面时，我们就一些区域问题交换了意见，其中包括伊朗的美国人质问题。道格拉斯·赫德表示，他希望危机能够和平解决，并强调稳定对于伊朗的重要性。

陪同道格拉斯·赫德阁下的是英国驻联合酋长国大使，大卫·阿瑟·罗伯茨。当时有传言说，罗伯茨应该为女王取消访问沙迦负责。罗伯茨后来拜访过我，他向我证实，女王的礼宾司应该为这个错误负责。

格拉斯·赫德问起我缺席女王陛下晚宴的原因。那次晚宴是女王专为诸位酋长举办的。我把事情的原委告诉了他。

第二章

联合是民心所向

1979年3月初，联邦最高委员会决定于3月19日召开会议，会议的议程包括讨论联邦国民议会和内阁的联合备忘录，涉及不同领域数个国家项目的全面开发计划。联合备忘录先交由最高委员会的诸位酋长殿下研究审议，然后再由最高委员会决定备忘录的执行期限和方法。

最高委员会已经很久没有开会，上次会议的时间是1978年10月29日。那是一次由谢赫扎耶德·本·苏尔坦·阿勒纳哈扬总统殿下召集的最高委员会与内阁的紧急联合会议，议题是讨论联合酋长国的国内总体形势。当时内阁和联邦国民议会的联合会议已经开始，正在起草一份联合备忘录，旨在强化联邦，应对国内外挑战，为全体国民和后世谋求稳定与繁荣。

1979年3月19日上午10点30分，联邦最高委员会会议在穆沙拉夫宫召开。应部分成员的请求，总统殿下提前告知会议议题，以便委员们有充分的考虑时间。总统殿下要求最高委员会成员以应有的严肃态度，根据国内和地区形势正在发生的种种变化，认真研究思考其中的重大问题。一个突出的问题是，有的酋长不同意一些现有机构实现全国范围的合并，因为这是临时宪法赋予他们的权利，而有的酋长则认为这是实现联合的必要步骤。

针对前一类酋长对临时宪法的错误认识，扎耶德总统表达了对持续恶化的局势的不安，他暗示如果事态继续发展，他不会接受局面的进一步恶化。总统还向全体最高委员会成员表明了他的坚决态度，他将回到民众中去，告诉他们事情的真相。

联邦最高委员会召开会议的那天一大早，代表不同派别的大量的民众从全国各地涌向首都。人们聚集在最高委员会的开会地点穆沙拉夫宫，人数之多前所未有。人群高声呼喊：

酋长们，联合起来！

取消边界！拆除障碍！

联合！我们要的是彻底的联合！我们徒有形式的联邦！

同一个希望！同一个目标！同一个命运！

他们肩上扛着国旗和标语牌，标语牌上写的是：

我们要统一！取消地区边界！

地区主义是插在联盟胸口的一把刀！

真主之外，再无别的神！团结向前！真主的意志！

昨天的梦想，应该是今天的现实！

在穆沙拉夫宫外面的院子里，聚满了来自各酋长国的各类民众，有部落人民、农夫，也有知识分子。他们高声赞扬国家的统一和团结，要求最高委员会做出决定，从根本上解决所有问题，清除一切障碍。很显然，如果听不到落实这些决定的承诺，他们是不会离开的。

民众来自全国各地，来自城镇、村庄、河谷和山区。扎耶德总统殿下走出穆沙拉夫宫，向民众发表谈话，承诺将和亲如兄弟的最高委员会成员一道，竭尽全力推动国家进步，增进人民福祉，并将继续关注每一位公民的发展与幸福。总统说话时声音颤抖，眼含慈父般的泪水，他说："为了国家和人民，我们将殚精竭虑，随时准备牺牲自己的健康，放弃拥有的一切。我们将坚持不懈，不达目的誓不罢休。大家可以看到，我们正在快速地，一步一个脚印地前进。"

在场的民众持续表达对总统的完全支持和效忠，宣称要用自己的灵魂和鲜血保卫总统。他们一再强调，他们要求国家的实质性统一，而不是形式上的联邦。他们还向总统递交一份他们称为"人民书"的请愿信。

接过"人民书"的时候，总统殿下再次向民众表达他的决心："我的兄弟们，你们关心国家安全和完整的这份情感，让我感到无比的骄傲。你们希望拯救自己的国家于分裂的边缘，我们对此非常赞赏，因为分裂是软弱的标志，是完全不能接受的，特别在目前的情况下。同样，我们还不能一下子走太远，尤其是考虑到目前存在的危险趋势。"

最高委员会会议在持续了六个小时之后宣布休会至1979年3月27日，星期三。休会并不意味着试图回避做出决定，而是让最高委员会成员有机会明确、清楚地表达他们的态度，并且向民众做出解释。

1979年3月20日，星期二。民众游行这一天继续进行，他们要求实现国家的完全统一，因为这是他们梦寐以求的愿望。游行的民众高呼发自内心深处的口号，发出“一面旗帜、一支军队，一样的命运”的呼喊。

从卡尔巴和沿整个海岸线的城镇、村庄，从霍尔法坎、富查伊拉、沙迦，气势壮观的民众游行的队伍出发了，所有的游行民众都支持并宣誓效忠扎耶德总统殿下，以国家和人民的名义呼吁最高委员会成员确认阿拉伯联合酋长国是一个统一的整体，他们希望酋长们实现人民唯一愿望，年轻联合酋长国全体国民珍藏于心的一个愿望。支持统一的游行民众手拉着手，发誓效忠国家总统和酋长，强调他们的最终目标是实现国家的完全联合。

1979年3月21日凌晨，大规模游行进入第二天。一支游行队伍从霍尔法坎和东海岸出发，队伍中有政府雇员，还有哈利勒·本·艾哈迈德学校的学生。队伍穿过沙迦的街道，来到沙迦迪万，向我递交了一封致总统和我的兄弟们，最高委员会成员的请愿信，表达对加强联合的各项措施的支持，因为联合正是民众所要求的。请愿信包括以下十点意见：

> 以最高贵、最仁慈的真主的名义：
>
> “你说：按你的意愿去做吧，因为真主安拉会看到，他的使者和信徒也会看到。”[1]
>
> 我们以真主的名义，以阿拉伯人民的名义，也以游行民众的名义，真诚地表达伟大人民的意愿。

1 《古兰经》第9章，第105句。

在历史的这些重要时刻，我们用全部的坦诚和忠实，我们为这个国家在此表达我们的愿望和抱负。我们深信，我们的愿望和抱负只有通过全面的，而非形式上的联合才能实现。我们呼吁谢赫扎耶德总统和他的诸位酋长兄弟，顺应我们的要求和全体人民的心愿。我们的要求和心愿具体表述如下：

包括政府、人口、领土在内的全面的联合，而不是仅仅形式上的联邦。

在联合酋长国领土范围内，取消各酋长国之间的全部边界及其他一切障碍。

发行一份具有建设性的免费报纸，真实、坦诚地表达民众观点和自由意志，以及他们的愿望和志向，禁止新闻操纵或篡改。

颁布国家永久宪法，以引领国家的发展进程，确保国家未来，培育良好公民。

建立一支由国家统一领导的、由国家公民组成的军队，使之承担守护国土的责任，确保领土完整。

为当代和后世建立社会公平。

采取紧急措施，通过建立国家银行使经济活动摆脱外国的控制，在国家的统一领导下，本着对国家有利的原则，让银行承担基础设施建设，以及工农业部门发展的责任。

所有公民享有社会公正和平等权利，提高所有阶层的生活水平。

建立统一的国家财政收入，收入和支出以统一的预算为依据，制定当前和未来的国家发展规划，振兴国家经济。

运用一切可能的方法鼓励工业部门的发展，开发所有可行的、有潜力的工业项目。

总统殿下和诸位酋长殿下，以上诉求是全体人民的愿望的真实表达。我们相信，你们将采取行动，将这些诉求付诸实施。在这一历史时刻，我们祈求真主引领你们的方向，指引你们贡献于国家进步和人民福祉。

真主是我们的引路者和力量之源。

另一支游行队伍从富查伊拉酋长国的穆尔贝和库德法出发，在沙迦迪万和第一支队伍会合。这支游行队伍由穆萨纳·本·哈里斯·谢巴尼学校的学生和两地的民众组成。

两支游行队伍高举谢赫扎耶德·本·苏尔坦·阿勒纳哈扬殿下的画像、国旗，还有横幅，横幅上写着支持国家统一的标语。游行的民众高呼：

一个民族、一支军队、一样的命运！
取消边界、拆除障碍，我们要永久宪法！
扎耶德，我们的父亲！领袖万岁！扎耶德万岁！

我的迪万主管雅库布·优素福来到外面，代表我向民众喊话：“我们和人民站在一起，并且重申一句话‘我们要求团结和联合。取消边界，消除障碍。’”

雅库布·优素福接着说："总统殿下和他的最高委员会成员兄弟已经完全了解你们的要求，他们将尽最大的努力，在不久的将来满足你们的愿望。天从人愿。"

1979年3月26日上午，在接见乌鲁巴男子中学和扎赫拉女子中学的学生时，我对他们说：

阿拉伯民族正在处在历史上的一个关键时期，我们这个国家长期遭受各种形式的殖民统治。殖民化带来了种种恶果，其中包括领土和人口的分裂，以及一些阿拉伯领导人内心的错觉。但是，虽然屡遭不幸，这个国家依然有人力有物力重新获得应该享有的权利。

国家的历史不能按天数或年头计算，我们不能凭空想象我们与以色列的斗争能在一天或一年之内了结，因为这是一场几代人的斗争。我们必须用最好的教育、合理的规划培养我们后代，使他们有能力实现国家的目标，让巴勒斯坦人重返家园，解放阿拉伯领土。

有两个问题对联合酋长国的人民至关重要：第一是实现统一的要求，第二是戴维营协定。

埃及人民有能力识别真伪。我们必须记住，埃及人民为阿拉伯民族做出了巨大的贡献，他们不会放弃他们著名的斗争路线，因为他们完全清楚自己在这些问题上肩负的责任，也必将让那些无视其意志、愿望、理想的人付出代价。

我的最高委员会成员兄弟意识到，民众的愿望和理想不能无视，也不可违反。

如果我的最高委员会成员兄弟们无力实现民众的愿望和理想，那么民众会找到自己的表达意愿的方式，他们能选择的任何方式。我希望我们能够克服前进道路上的障碍，我们可以通过开诚布公的讨论达成目的，因为即使没有民众游行，民众的呼声也会传到政治领导人的耳中，他们可以清楚地听到，无论这些声音是公开的，还是隐藏在内心深处。

听了我的话，两所学校的男女学生呼吁游行民众给最高委员会一天时间，让他们有机会第二天在平和的气氛中讨论问题。

学生们在我面前先后发言，他们表达了对戴维营协议的深恶痛绝，号召阿拉伯民族团结起来，消除该协议的恶劣影响。他们也希望最高委员会成员能够实现他们在备忘录中列出的理想和愿望。

扎赫拉女子中学的一名学生在发言中对我表示了感谢，她说：

我代表扎赫拉学校的这个大家庭，感谢殿下的演讲。您的话真实地反映了我们渴望实现国家团结的情感，也反映了我们提升国家形象的梦想，我们希望联合酋长国成为一个统一的国家实体，不被当前的矛盾冲突所分裂。我们希望，明天，也就是星期二，将成为实现国民团结的契机。

1979年3月27日，星期二，联邦最高委员会会议在这一天召开。谢赫扎耶德总统重申，政府将继续致力于强化国家内部结构，为民众谋福祉。会议持续时间很长，最终决定第二天继续进行。

穆沙拉夫宫的主厅人群聚集，人人都想有机会和谢赫扎耶德总统交谈。要穿过拥挤的人群进入最高委员会会议的会场，显得异常困难。于是，有人维持秩序，将进入大厅的民众组织起来，一些人演讲的时候，另外一些人则畅所欲言，久积于内心的话终于能够一吐为快。有个人说，他从北边的山区一路赶来就为说一句话，除了联合别无他求。一群来自南边阿莱茵的学生也表达了相同的要求。

为了回应民众的诉求，谢赫扎耶德·本·苏尔坦·阿勒纳哈扬总统殿下发表了即兴演讲。他说：

> 你们寄托于我们的所有愿望都将实现。正如大家所见，与你们的愿望和理想有关，我们的会议和讨论仍在继续。我们正在尽全力保证国家和民众的尊严，任何困难都阻挡不了我们实现这一目标步伐。即使有某位最高委员会成员出于某种原因缺席，我们也将继续协商，并尽快向大家公布结果。
>
> 国家的重建工作将继续，我们强化国家结构的努力也将继续。最高委员会全体成员情同兄弟，为了目标的实现，同心同德。我们同命运，全体酋长国及其国民概莫能外。
>
> 我们同命运，我们有着共同的生活方式、共同的志趣、共同的乐与忧。在我们所有人的生命历程中，我们始终痴心于同一个理想，悉心培育、百般呵护，煞费苦心。这个理想，我们如何能放弃！

为民众谋幸福，为了我们的兄弟，为了我们孩子，我们不允许自己有片刻的懈怠，哪怕只是一个小时、一分钟。我们会继续努力，让我们亲手缔造的国家繁荣昌盛、泽被后世，让我们的勤劳的果实，代代相传。

我们百倍努力，唯一的愿望就是为我们的孩子、兄弟、还有我们的后世子孙赢得一份荣耀，让他们因为我们今天的成就而骄傲。我们希望为后世子孙规划出美好的未来。

作为个人，我们都会因今天的成就成为别人的记忆。生命有限，事业永恒，我们的国家和我们成就的事业将永远存在。

扎耶德总统殿下接着对众人说：

振作起来，拿出你们勇气。作为公民，你们心怀希望是因为你们对自己的国家和民族有信心，是因为你们对自身，对自己这一代人还有后世子孙充满了信心。

我们和你们站在一起，你们的心愿就是我们的事业。你们已经收获了我们最近的奋斗结出的果实，我们未来的努力带来的回报也必将由你们和你们的后代享有。

总统殿下还强调民众的知情权，所有的成序和进展都必须告知民众。他说：

如果你们想知道，我们愿意告诉你们发生的一切，因为我们不会有任何隐瞒，我们也将通过一切可能的方式使你处于知情的状态。我们会告知那些与我们相见的人，那些不能与我们相见的人可以查看各种会议记录。

扎耶德总统殿下还证实，他和最高委员会的诸位酋长兄弟正在竭尽全力满足民众的要求。他说：

事实上，我相信每一位酋长都在尽自己最大的努力，而且他们每个人都和我一样关心公众的利益。如果我们在某些问题上有意见分歧，这并不意味着我们会为了消除分歧而牺牲公众利益。实际的情况是，我认为这种方法可行，而另一位酋长兄弟则相信另一种方法会更有成效。但是，问题提交讨论的时候，我们最关心的是全国范围内的公众利益。保护和增进公众利益是所有会议和讨论的主题。

谢赫扎耶德·本·苏尔坦·阿勒纳哈扬总统殿下在演讲中还证实，和过去相比，民众生活已经有了很大的改善。他说：

很多方面的需求，过去我们要靠朋友和兄弟的接济，如今我们已能自足，这是因为国家的财富如今掌握在我们自己手中，在我们的孩子、我们的兄弟手中。

现在，我们比以往任何时候都更有竞争力，为此我们要感谢朋友和兄弟们的帮助和参与。因为有万能的真主的保佑，有朋友们的支援，我们的生活已经开始富裕起来。

> 我们和你们站在一起，我们会让你们了解我们正在做和渴望去做的一切，不会对你们有丝毫的隐瞒。千万不要认为我们会自我放松，或者陷入分歧和内耗。为了民众和后代的福祉，我和最高委员会的诸位酋长将同心互助，我们的国家将成为繁荣与和谐的国度。

总统殿下在演讲中表达了他的美好愿望，他希望国家的繁荣将惠及每一位公民，无一例外。但他又说："千里之行不可能一步越过。"

总统殿下接着将联邦成立前后的情形做了一番比较，他说：

> 如果没有联邦的成立和酋长国间的合作，我们的青年和成年人不会是今天的情形，民众的需求也不会像今天这样有求必应。正是这些改进促使民众支持联邦。

总统殿下鼓励每一位公民反映他所发现的政府的缺点，而不是保持沉默。他说每一位公民都有义务和责任向官员反映政府在各方面的缺点与不足，比如，医疗服务、住房和教育。总统表示："无论是哪个领域的问题，我们都有能力处理好。"

扎耶德总统还列举了国家在教育和文化领域取得的成就，他说："提供留学奖学金是为了造就优秀、合格的年轻一代，他们将学到我们需要的知识和文化。"总统还证实："我们的青年、儿童，还有兄弟已经掌握了我们过去缺乏、现在急需的知识。感谢真主，这些知识已为我们所拥有。"在结束演讲的时候，总统殿下鼓励年轻人利用一切可能的途径，追求知识与文化。

酋长们做出决定，最高委员会将于1979年3月30日再次召开会议。副总统谢赫拉希德·本·赛义德·马克图姆殿下被任命为新的政府总理。第二天晚上，艾哈迈德·苏韦迪来到我在阿布扎比下榻的酒店。由于我之前谢绝了高级财政委员会主席的职位，他为我安排了一个政府职位，但被我再次推辞，并且告诉他我将“把全部身心贡献给沙迦”。

1979年5月28日，星期一。这天上午，副总统兼总理，迪拜酋长谢赫拉希德·本·赛义德·马克图姆殿下到沙迦政府大楼和我会面。我们讨论了新内阁的组成问题。7月2日，副总统兼总理，迪拜酋长谢赫拉希德·本·赛义德·马克图姆殿下领导的新内阁的人员组成被公布。他担任总理期间修建了更多的低收入人口住房，以及道路、渔港等公共设施。

第三章

建设沙迦

现在，我开始集中精力建设沙迦，致力于它的全面发展，涉及文化、社会、商贸，以及工业等领域。我成立了相关部门和机构，出台法律法规，以期实现沙迦的全方位发展。下面的记述展现了沙迦的建设情况。

霍尔法坎港

位于阿曼湾的霍尔法坎港开通于1979年4月7日，已经成为贸易和出口的生命线。因为它当初是按照集装箱港建设的，所以便于在码头安装装卸货物的吊车。因为急用，我们在英国的布里斯托尔找到了二手吊车，直接运回霍尔法坎。

在过去，运到霍尔法坎的集装箱经常需要用小船转运到附近的伊朗港口，或用卡车运到各酋长国进口商的仓库。有的时候，集装箱也会运到沙迦港，再从那里用小船转运到海湾的一些港口，比如，科威特、巴林、胡拜尔，或者多哈。新设施的投入使用大大节约了成本，因为大船不是停靠一次码头只卸下几个集装箱，而是在霍尔法坎一次性卸下全部货物，然后直接返回出发港。我们用便捷的小型船只完成后续的集装箱的分装和运输。

由于伊朗革命者和美国政府斗狠，美国舰队开始在海湾游弋，进入海湾地区船只的保险费飞涨。两伊战争的爆发，令海湾地区的形势雪上加霜。但是，这倒也应验了“此人之祸，彼人之福”那句谚语。

沙迦国际机场

1979年4月21日，当晚，我为沙迦国际机场的启用剪彩。出席剪彩仪式的有阿治曼王储兼副酋长谢赫侯麦德·本·纳伊米殿下和数位知名的谢赫，他们是：联邦国民议会主席塔里亚姆·本·伊姆兰·本·塔里亚姆，交通部长穆罕默德·本·赛义德·穆拉，国务部长艾哈迈德·本·苏尔坦·卡西米，卫生部长哈勒凡·鲁米，以及多位大使。另外，来自50个阿拉伯与非阿拉伯国家的代表团、30家航空公司、以及大批高级官员和商人也出席了仪式。

新机场的建成耗资3500万迪拉姆，用时四年建成，是中东地区最大的机场之一。在剪彩仪式上我剪断丝带，标志着新机场开始运营。仪式结束后，我随即开始视察新机场的各个部门和设施。新机场有着伊斯兰的建筑风格和当时最先进的设备，独特的风格令人耳目一新。

新机场建筑占地15000平方米，跑道长3760米，宽45米。当时，机场每周可承接30个航班，未来的承接能力可达到60个航班。沙迦民用航空局局长穆罕默德·赛义夫·赫杰里声称，这座机场是全球最大、最美观的国际机场之一，其设施可保证当时最大的飞机起降。

沙迦城人道服务中心

1979年10月20日晚，我为沙迦城人道服务中心的正式启用剪彩，五个社会组织进驻该中心，它们是：

关爱于庇护基金会

智障学校

盲人学校

读写与职业培训学校

家庭研究与辅导中心

当晚，阿拉伯家庭组织主席诺丽亚·希达尼夫人在启用仪式上发表演讲，称赞谢赫扎耶德·本·苏尔坦·阿勒纳哈扬总统殿下对社会救助事业的贡献。她告诉大家，扎耶德总统已将奥鲁巴大街上的一栋楼捐出，大楼的收益可满足救助服务中心的正常运转。诺丽亚·希达尼夫人也对我修建救助中心大楼表示了感谢。

联合国儿童基金会驻海湾地区代表，阿拉伯家庭组织顾问，奥斯曼·法拉杰博士也在仪式上发言说，万事开头难，但这一人道主义项目却有一个成功的开端，这要归功于那些秉持人道主义信仰的人们，是他们的努力使这些重要项目成为现实。1981年3月23日，我签署了一项酋长国法令，在沙迦酋长国开设阿拉伯家庭组织在海湾地区和阿拉伯半岛分支机构，表示我们认同该组织在所有阿拉伯国家的领导作用。沙迦酋长国为该分支机构提供所需的全部设施，使它能够正常运转和实施人道主义计划。1981

年5月11日，我为沙迦的阿拉伯家庭组织地区分部大楼奠基。后来，沙迦城市人道救助服务中心在非洲礼堂为毕业生举办了毕业证书颁发典礼，典礼之后是男女学生制作的艺术品展览。

半岛公园

1979年10月30日，对应伊斯兰历的1399年的大拜兰节。我在这一天宣布沙迦的半岛公园正式开放。公园建在哈立德湖中央的一个岛上，俯瞰中央市场。公园里有大量当时最先进的汽车、飞机之类的机械和电动玩具，一个儿童和成人游泳池，还有一个嬉戏着鸭子和水鸟的水塘。一列有五节车厢、可载四十名乘客的小火车环绕公园行驶。

公园号称有700棵棕榈树，600棵其他品种的高大树木，以及大约4000个分散四处的灌木丛。公园里还有一家大型饭店，一家出售各种冷饮和快餐的自助餐厅，停车场有300个左右车位。

哈立德剧院

1979年12月20日，哈立德剧院落成，由沙迦民间艺术剧社经营。参加落成典礼的官员有：国务部长艾哈迈德·本·苏尔坦·卡西米；劳工与社会事务部长赛义夫·加尔万；负责北部酋长国事务的新闻部副部长，哈比卜·里达，另外还有数位负责会馆和剧院工作的政府官员，以及大批的民众。

工业发展规划

我专门任命了一名美国专家巴特 A.帕夫，负责轻工业园区的设计，瓦赫达大街东部被规划为沙迦的工业区。1979年间，几家工厂在这里拔地而起，随后工厂的数量继续增加，到当年底，园区已占到联合酋长国全国轻工业生产的一半。

巡视东部省份

1980年1月4日，我开视察霍尔法坎和周边村庄，包括鲁鲁耶和祖巴拉，了解低收入人口住房和道路等政府工程的进展情况，倾听民众的要求和批评。视察持续了数天时间。

1月14日，我开始对卡尔巴和附近的村庄进行为期三天的视察，查看吉尔、塔里夫、苏尔卡尔巴，以及霍尔卡尔巴等地的政府工程进展情况，我和当地民众见面，了解他们的要求和困难。

1月22日，我走访了迪芭希森地区，了解当地居民对政府服务的需求。

媒体采访

1979年12月12日，我会见了几名德国记者，他们组团到联合酋长国旅行观光，行程四天。我告诉德国记者，阿拉伯联合酋长国和德国保持着正常友好的关系，并希望德国专家对我们未来的工业项目有所贡献。

谈到阿拉伯问题时，我说："虽然阿拉伯国家之间有时会出现分歧，但在关键问题上我们的意见是一致的。阿拉伯民族有合理合法的要求，任何对阿拉伯普遍共识的偏离都是不能接受的，也没有任何一方有权拿阿拉伯事业做交易。为恢复领土，阿拉伯人民会继续斗争，如果有必要，我们会继续斗争几百年。"

会见中我明确表示，巴勒斯坦人民解放的事业事关全体阿拉伯人民，巴勒斯坦人自己无权在这些问题上做出让步。

我还重申，阿拉伯事业日月可鉴，阿拉伯人没有必要欺骗国际舆论。事实上，为了了解阿拉伯事业的全部真相，国际社会有义务现实地对待，并且理解阿拉伯事业。我还向德国记者呼吁，希望他们鼓励自己的同胞阅读一些关于阿拉伯问题的历史书籍，这样他们就能够认同阿拉伯事业的合法性。我对德国记者说：

以色列人利用美国和其他国家的媒体，把阿拉伯人描写成野蛮人。其实，以色列人自己是来自世界各地的不同人种的混合体，那些人才应该回他们的老家去……我们不反对犹太阿拉伯人继续留在巴勒斯坦，因为那里本来就是他们的栖身之地，他们可以和阿拉伯人和平相处。

接着，我对记者说：

> 我很想知道，那些同情以色列的国家是否会在自己的国土上为200万到250万犹太人提供避难场所，而这些犹太人目前正生活在我们的土地上。欧洲的公众舆论已经开始理解我们的问题，我们希望世界上的其他国家也会对情况有更好的了解。

关于建设和发展问题，我对记者们说，由于过去八年积累的经验，阿拉伯联合酋长国在工业和农业等领域都取得了巨大的成就。我说：

> 我们对国家制定的下一阶段的工业化规划寄予厚

望。这是一项国家已经批准的五年规划，1981年开始实施，将大大提高联合酋长国的工业化水平。规划所涉及的工业部门将采用先进技术，减少人力使用；规划将使我们避免增加外国工人的使用，同时也为接受过良好培训的合格的国民提供就业机会，他们最终将成为这些工业部门的管理者。规划将重点发展先进的石油化工业。

在农业领域，尽管我们的国家面临许多自然环境方面的困难，但是我们克服困难，成绩斐然。最近，农业部已经在多个农业项目中运用现代技术和先进的种植方法，还将尝试先进的灌溉技术，实现灌溉效果最大化。为了实现下一阶段的国内粮食自足，国家做出了巨大努力。

在谈话的最后，我明确指出，国家将对农民进行现代农业技术运用培训，并强调最大限度地用好现有耕地，而不是扩大种植面积。

1980年1月23日晚，我接受联邦德国电视1台的采访，谈到了几方面的问题，其中最重要的是国际局势及其对海湾地区的影响。采访我的是联邦德国电视台驻阿拉伯地区办事处主任，库尔特·斯特尔博士。这次采访是一个关于海湾地区的电视专题节目的一部分，节目时长45分钟，1980年2月14日在德国电视台播出。

1980年2月10日，我接受法国电视一台的采访。采访我的是一个记者团队，因为法国总统即将访问联合酋长国，他们当时正在拍摄与此有关的会议和节目。法国总统瓦莱里·吉斯卡尔·德斯坦的访问日期定在1980年3月初。在采访中，我说：

> 今天的阿拉伯联合酋长国比以往任何时候都要强大，我们的联邦正在向着正确的方向前进，一天天强大起来，有能力实现人民的梦想和远大抱负。

为了强调海湾地区必须远离国际冲突的重要性，我对采访者说：

> 出于自身利益的考虑，那些名下在这一重要地区有利益的国家，绝不能制造出将该地区拖入战火的局面，要是这样的话，那些贪婪的投机分子就会被吸引到海湾地区。我们拒绝成为两只打斗的大象脚下的草坪。

谈到联合酋长国与法国的关系时，我告诉记者不必担心，两国关系密切而牢固，尤其在文化和商贸领域，相关协议和安排已经得到落实。

北部酋长国油价上涨

1980年2月9日和2月10日两天，由于石油公司上调油价，学生上街抗议，要求下调油价。学生们举旗游行，表明持续抗议的决心。他们说，石油从自己的土地开采出，受益的却是外人。抗议者穿过沙迦的大街，一直走到政府大楼。

1980年2月10日，我亲自前往扎赫拉女子中学，建议女生不要参加男生的游行示威，力劝她们专注学业，并承诺将学生的要求转达谢赫扎耶德·本·苏尔坦·阿勒纳哈扬总统殿下。我告诉学生们，应部分代表的要求，国民议会将在即将召开的下次会议上讨论相关问题；并让她们放心，政府将给予这个问题最大的关注，尤其是考虑到油价和人民生活密切相关。最后，我强烈要求扎赫拉女子中学的学生安心学习，用知识武装自己。

1980年2月10日，我还和乌鲁巴男子中学的学生见面，我对学生们说：

> 国家正在认真考虑实行油价补贴和降低消费品价格，油价不但会回落到原有水平，而且将与其他海湾国家的油价持平。而且，政府正在研究承担部分油价的可能性，这将是更为理想的解决办法，这一计划预计将在三天内由总统殿下和副总统兼总理宣布。
>
> 我在这里宣布，应部分年轻人的要求，沙迦酋长国的电价已回落到原先的7.5菲尔斯每度，从今年2月15日起执行。
>
> 正在建设中的位于鲁维斯的炼油厂工程计划于明年底完工，其产量估计将达到每天15万桶，相比每天10万桶的本地消费量，完全可以满足国内需要。

有学生问到加大对联邦支持力度的重要性问题，我回答说：

> 这是一个合理要求。实际上，国家始终在致力于强化联邦的基础，我们的联合应该超越现有水平，达到新的高度，那就是实现全地区的联合。阿拉伯联合酋长国是阿拉伯世界的一部分，实现阿拉伯世界的联合是我们这个民族的基本诉求。作为一名沙迦官员，我要说的是，我们是

联合主义者，我们会继续沿着这条路走下去，哪怕是付出血的代价。我们的目标不仅仅是在联合酋长国境内实现联合，而是要实现阿拉伯世界的完全联合。

小国时代已经一去不复返。作为一个阿拉伯国家，我们应该坚定地反抗企图分裂我们并阻止我们成为伟大国家的阴谋。我们现在就可以看到，新的帝国主义势力正跃跃欲试，迫不及待地进入我们的地区，我们必须保持高度警惕。

在回答关于宪法的问题时，我说：

临时宪法的某些条款已成为本地区走向联合的障碍。一些酋长认为，临时宪法并不要求将各酋长国的某些机构强行并入联邦，未来我们将突破这一限制。

关于国民议会备忘录的问题，我回应说：

备忘录确实要求实现财政、国土、经济的一体化，但它目前还在最高委员会的审议当中。委员会成员最近已达成共识，将从客观的视角重新审议国民议会备忘录，从而为本地区制定新的发展蓝图。

关于石油市场的经营，我表示，我同意有必要成立一家经营石油和天然气的国有公司。

关于向申请归化的个人签发临时许可证，我表示，禁止归化申请的规定停止执行之后，该问题还在审议当中。新规定提交国民议会批准时，其内容可能被修改，或代之以总统将签署的联邦法令。

关于饮用纯净水问题，我告诉学生们说，沙迦的数座海水淡化厂将在六个月内完工。

1980年2月16日，阿布扎比王储兼联合酋长国武装力量副总司令，谢赫哈利法·本·扎耶德·本·苏尔坦·阿勒纳哈扬殿下访问沙迦，我们在沙迦政府大楼前举行了欢迎仪式。王储殿下向我转达了他父亲对我的问候，总统交代给他的任务是了解民众的诉求。

在后面的几天里，王储殿下先后走访了数个酋长国，在考察哈伊马角和富查伊拉之后，王储殿下说，他亲身感受了到民众推进联邦一体化议程的信念和决心，该议程既是对现有成果的维护，同时也是未来的保障。他说：

> 应我的各位兄弟，担任最高委员会成员的各位酋长阁下的盛情邀请，我访问了哈伊马角、富查伊拉和沙迦，有机会和各部门的官员会面。并得以了解多个工程项目和服务设施建设的进展情况，这些建设涉及不同的领域，代表了各酋长国为推进社会与经济发展所做出的努力。

谈到取得的成就，谢赫哈利法表示，上述酋长国为改善民生做出了巨大的努力，这些成就是最好的证明，也反映了领导人以民生为重，尽其所能、不遗余力造福民众的信念。他还说，我们正在经历历史上一个非常关键的时期，需要我们拼搏、奋斗。人民对我们有很高的期待，为了实现人民的理想，每一个公民，无论其地位如何，都需要付出比以往更多的努力，肩负比以往更多的责任。同时，我们生活的这片沃土为我们奉献了累累果实，今天我们必须在这片土地上创造一个光明的未来；我们必须用信念和坚毅应对所有的挑战，唯有如此，我们的联邦才能更强大、更牢固。

在演讲的最后，谢赫哈利法·本·扎耶德·本·苏尔坦·阿勒纳哈扬王储殿下表达了对肩负最高委员会委员职责的诸位酋长和他们的副职的感谢和敬意，也对访问期间各酋长国民众对他的热情款待表示感谢。

王储殿下访问沙迦之后，我来到阿里·本·阿比·塔利布男生预备学校，和学生见面。学生们提出的问题完全出乎我的预料，难怪他们要求允许他们像初级中学的学生那样参加讨论。

关于消费品价格暴涨的问题，我回答说：

我将立即指示沙迦市政当局和工商会研究这一问题，提出切实可行的方案，并据此确定各种商品的价格。

关于低收入人口的住房问题，我回应说：

在过去的几年间，政府已经做出巨大的努力，以满足低收入民众的住房需求。沙迦酋长国已经成功地解决了本地区低收入居民的住房问题，包括生活在沙漠地区的居民。我们希望到明年底之前，联合酋长国范围内的住房问题将得到解决。

关于在校园内修建清真寺的问题，我向学生们承诺满足这一要求，为每所学校修建一座清真寺。尽管助学金非常重要，尤其对贫困家庭而言，但是助学金的发放时有中断。在谈到这个问题时，我说：

最好的办法是向贫困家庭直接提供帮助。劳工和社会事务部目前正在对增加贫困家庭社会救助进行研究，一有结果即付诸实施。

1980年2月18日，我宣布以下消息：

谢赫扎耶德·本·苏尔坦·阿勒纳哈扬总统殿下已指示阿布扎比国家石油公司制定一项紧急计划，并以最快的速度拿出切实可行的办法，在全国范围内降低油价，解决民众的困难。

第四章

石油和天然气带来滚滚财源

1979年，在发现海上石油和天然气之前，沙迦的建设和发展已经起步。在进入石油和天然气开发这个话题之前，非常有必要说说发现石油前的沙迦。

成立市政委员会

为落实沙迦的发展规划，需要成立各类市政委员会，共同负责区域治理。除了沙迦城，沙迦市政当局的管辖范围还包括酋长国的中部和东部地区，以及哈姆瑞亚地区。考虑到东部地区地处偏远，政府服务难以到位，东部地区在迪芭希森之外成立了两个自治市：卡尔巴和霍尔法坎。1980年5月11日我签署法令，宣布酋长国东部地区的设置两个新自治市，并成立相应的市政委员会，规定东部的三个自治市直接向酋长办公室报告工作。根据这项法令，下列机构正式成立：

霍尔法坎市政当局，司法管辖霍尔法坎和迪芭希森行政边界内的所有地区。

卡尔巴市政当局，司法管辖卡尔巴和霍尔卡尔巴行政边界内的所有地区。

该法令任命谢赫萨克尔·本·穆罕默德·卡西米担任霍尔法坎和卡尔巴两个市政当局的主席，谢赫沙特·本·苏尔坦·卡西米担任沙迦市政当局主席。另外，我还签署法令分别为三个市政委员会任命了委员：沙迦市政委员会22名；霍尔法坎市政委员会10名；卡尔巴市政委员会11名。

文化革命取代实体革命

多年来我始终致力于发展沙迦酋长国的文化事业，精心制定周密的计划，吸引年轻人重新回到文化活动中来。我还决定在下一阶段把发展和繁荣文化、文学、艺术放在最优先的位置。

国家青年剧院排练了一部名为《奇迹公司》的话剧，并定于1979年4月18日在沙迦的非洲礼堂演出。我告诉参加排戏的年轻人，我正在制定一项计划，一项足以为所有人都带来惊喜的计划。我说，国内建设中的“实体革命”该停下来了，应代之以“文化革命”。我向在场的年轻人表示，我希望我们的年轻人支持我的志向，用文学和艺术为这个国家铺就坚实的文化基础；我建议年轻人不能只顾追逐利益和财富，而置文化于不顾，因为对于提升一个人的精神境界，文化的作用不可或缺。我强调，官方媒体在这方面应该发挥重要作用，呼吁制定科学、可行的规划，提高年轻人的文化、文学和艺术修养，鼓励他们积极投身文化事业。我还向年轻人表明自己的心愿，非常愿意鼓励和培养年轻人在戏剧表演方面的兴趣，因为戏剧是备受推崇的文学艺术形式。

国家青年剧院之前演出过话剧《弗拉杰》，我为此向全体演职员表示感谢。在我看来，这幕剧是沙迦高雅艺术之路的真正起点。

和演员们见面之后，我开始考虑成立一个由民间和官方共同组成的“文学艺术最高委员会”，接受青年人参加，以便我们双方就下一阶段文化活动的准备工作交换意见。于是，1981年4月30日，我签署法令，成立“文化与指导部”，主管以下各方面的事务：

> 文化，除管理专业和公众图书馆，就涉及图书馆的有关活动与新闻和文化部协调以外，还包括文化讲座、实用知识课堂、文化会议等活动。
>
> 艺术，涉及剧场、演出团体、民间艺术，以及绘画、雕塑、手工艺品等展览。
>
> 体育，专职帮助运动员解决困难和研究各体育俱乐部的需求。
>
> 民族传统的保持，包括监管酋长国国家博物馆和可考证的民族传统的恢复，协助各类社团、俱乐部、以及妇女各类妇女联合会。
>
> 媒体，负责各类媒体间的协调和配合，确保酋长国境内发生的新闻得到充分报道，并突出报道酋长国政府和地方部门与文化、指导和旅游相关的工作。
>
> 旅游，监督和管理沙迦游客中心的运营。

我还签署了另外一项法令，任命谢赫艾哈迈德·本·苏尔坦·卡西米殿下担任文化与指导部部长。

1982年1月18日，沙迦书展在沙迦会展中心开幕，文化与指导部的辛勤工作终于结出硕果。书展开幕的那天晚上我宣布，沙迦书展将成为一年一度的文化盛事，并将在阿拉伯世界的出版界占有显著位置。在随后的几年里，沙迦书展果然成为沙迦和我个人带来了殊荣。与书展同期举行的还有一个美术展，联合酋长国美术协会的22名艺术家参加了展览，展品中包括一组反映本地区自然环境、历史和传统的绘画作品。

1982年1月19日，在接见参加书展的阿拉伯出版社代表团时，我对他们说："阿拉伯世界的团结是我们坚定的信仰，我们必须重视青年在一个民族心智的发展中所起的中重要作用，只有基于这两点，我们才能对我们的孩子施以正确的教育。所以，为了实现这些崇高理想，各出版社必须义不容辞地肩负起责任。"

为促进沙迦文化事业的发展，我签署法令，对卡西米亚区的一处建筑进行装修并添置设备，用作沙迦阿拉伯文化俱乐部的总部。

悼念

1982年最初的几个月，对于我和我的家族都是一段伤心的日子。1月14日，卡西米家族的族长，我的叔父谢赫哈立德·本·哈立德·卡西米去世，享年76岁。3月13日，星期六，我的堂兄，也是我的内兄，谢赫萨利姆·本·苏尔坦·卡西米去世。3月20日，星期天，家族中地位最高的女性，我的姑姑谢哈艾莎·宾特·萨克尔·卡西米去世。祈祷仪式之后，三位亲人先后葬在沙迦的朱拜勒墓园，我连续三次在沙迦政府大楼接待前来吊唁的人们。

海上石油和天然气生产

1980年11月，美国阿莫科石油公司在萨加地区发现石油和天然气。1980年6月20日，在萨加的油田投产仪式上，我揭去开工纪念牌上的薄纱，扳动手柄，抽气泵开始工作，天然气被抽进管道，燃尽多余气体的火焰点燃，海上油田正式投产。官员和大批民众参加了隆重的投产仪式。

投产初期，五口油井的轻油和天然气的估计日产量分别是2.5万桶和2.5亿立方英尺。据阿莫科公司预测，在未来的四年里，轻油和天然气日产量将达到10万桶和8亿立方英尺。轻油将用于出口，天然气将会输送到沙迦和北部酋长国的气站。

伴随第一批石油的出口，沙迦进入经济发展的新阶段。民众生活水平提高，社会的保守性在宗教原则和民间传统和习俗的保持上体现出来，青年参与文化、艺术、文学事业的程度有所提高。

1982年11月8日，我对科威特《政治报》发表谈话，谈到包括沙迦五年计划在内的广泛问题。我说：

沙迦五年计划即将结束，计划包括多个重大工程建设项目，在关乎国家发展蓝图的诸多重要领域取得丰硕成果。阻碍重大工程建设的绝大多数障碍已经克服，酋长国制定的雄心勃勃的计划实施方案，确保了各项国家承诺的落实。

我还介绍了沙迦和霍尔法坎农业项目执行情况，以及道路交通网络和连接酋长国与外界公路的建设情况，我说：

我们海湾地区的人力资源远比石油财富，或者文化、工业产品重要。我们必须保证公民获得公平的教育和求知机会，因为教育和知识是永远不会枯竭的资源。和过去相比，作为整体的联合酋长国和作为个体的沙迦如今专注于教育与文化建设，因为这是我们追赶当代发展潮流的唯一途径。目前，多家社会、文化和慈善团体在开展活动，它们与教育机构一道共同致力于教育和文化事业的发展。

我还被问及地区问题，特别是两伊战争和沙迦的后续发展问题：

问：殿下，您认为有没有可能找到促成伊朗和伊拉克停战的解决方案吗？

答：关于这个问题，我和部分伊朗官员见过面，我认为阿尔及利亚具备条件，可以进行有效的调解。我个人认为，阿拉伯联合酋长国能够发挥的作用就是与我们的兄弟国家阿尔及利亚在这一问题上加强合作。没有人能够从流血和浪费钱财中获得好处。我在思考我们这个民族的境遇的时候，我会经常问自己：尽管我们所在的是全世界最重要的地区，我们要执意毁掉它吗？我不愿意细想，但我想提一下，阿尔及利亚已准备有所作为，我衷心希望调解取得成功。

问：沙迦更广阔的前景会是什么样的？

答：作为酋长，我最重要的工作就是提升国民素质。我发现，他们经常会问自己：我为什么不能更像奥马尔·伊本·哈塔卜[1]呢？我回答说：你为什么不能更像奥马尔治下的百姓呢？奥马尔误入迷途的时候，他们使他迷途知返。

我对觉悟的重要性深信不疑，我说的是国民的觉悟。你会注意到，沙迦酋长国已经成为一个美丽的国度，现在又做好了成为旅游目的地的准备。从来沙迦的各种各样的观光者和生意越来越好的酒店业，你就可以看出这一点。

虽然我认为酋长们应该把全部的时间都用在治理国家上，但我始终跟踪国内经济项目的进展，与官员们讨论问题，研究对策。我可以肯定地说，我们已经成功地将沙迦建设成了一个值得信赖、值得拥有的酋长国。

问：由于我们在谈论经济，鉴于科威特股票交易市场近期发生的事情，作为酋长，您对海湾地区数家公司的业绩有何预测？

答：你知道，我们向六家总部设在沙迦的工业和投资公司发放了营业执照。科威特股市行情公布后[2]，我希望自己能跟踪了解这六家公司的表现。于是我约见了公

1 奥马尔一世，阿拉伯哈里发，634—643年在位，是早期追随穆罕默德的重要人物之一，也是穆罕默德最忠实的信徒，以正直、公正著称。

2 科威特股灾：当时科威特股市崩盘，多家公司由于不负责任的行为和成立虚假公司而破产。

司的董事会成员，因为当初签发营业执照时，我们的初衷就是要保护股票持有人的利益。通过和董事会的几次见面，我了解到这几家公司的经营状况非常好，没有受到近期股市的影响。

我们呼吁这些公司扩大在沙迦的经营。事实上一些公司已经开始这么做，它们在沙迦开设了生产工厂，例如，沙迦水泥公司。其他公司同时还有超出本地区范围的内容丰富的投资业务。

无论如何，成立这些公司是建立海湾国家利益共同体行动的一部分，公司的最终目的是为国民的利益服务。

第五章

访问印度和巴基斯坦

印度和沙迦的互访

1981年5月13日上午，我在沙迦的赛义夫宫会见了来访的印度总理，英迪拉·甘地夫人。我们的会谈围绕印度与海湾国家的关系进行，尤其是与阿拉伯联合酋长国的关系。甘地夫人向我发出访问印度的正式邀请，我接受了邀请，条件是事先确定访问。

会见结束后，甘地夫人表示她对联合酋长国的访问取得了巨大成功，两个兄弟国家之间恢复了对话，殖民国家过去一直对这种对话百般阻挠。她说希望继续保持两国间的官方互访，以维护和发展双边关系。甘地夫人还将印度和海湾国家的关系形容为牢固而且强大的关系；她声明，她的国家和海湾国家，以及阿拉伯世界，在历史上就有着密切、友好的联系，她的此次访问是这一历史悠久的友谊的一部分。

1982年5月27日是我开始对印度共和国进行访问的时间，这次访问是对甘地夫人邀请的回应。我夫人谢哈贾瓦赫·宾特·穆罕默德·卡西米和子女陪我一同出访。我还率领了一个庞大的代表团，成员包括国务部长兼石油矿产部长，谢赫艾哈迈德·本·苏尔坦·卡西米殿下；沙迦市政委员会副主席，哈勒凡·鲁米先生；联合酋长国驻印度大使，阿卜杜勒-阿齐兹·纳赛尔·奥韦斯；沙迦工商会副主席，阿里·本·马尔祖克·本·卡迈勒先生；阿卜杜勒·拉赫曼·阿布·哈提尔先生；沙迦礼宾办公室主任苏尔坦·苏韦迪先生；军事联络官阿里·法赫德中校。访问将持续数日。

我们从沙迦飞往新德里。印度副总统西达亚特·阿拉在新德里机场为我们举行了正式欢迎仪式，印度政府高级官员和驻新德里的外交使团成员出席了欢迎仪式。

我和我的家人下榻于新德里的共和宫。5月28日上午，我在共和宫的总统办公室拜会了印度总统尼兰·桑吉瓦·雷迪。接着，我在内阁大楼的总理办公室会见总理甘地夫人。会见之后，我和甘地夫人一同拜谒圣雄甘地墓，向圣雄敬献花环，并在留言簿上留言，赞颂他反抗英帝国主义的斗争。在与甘地墓相邻的花园里，我种下了一棵树，纪念我对印度的此次访问。

拜谒圣雄甘地墓之后，我们前往印度前领导人，开国总理贾瓦哈拉尔·尼赫鲁的故居参观，那里已成为一座博物馆。参观结束后，我在留言簿上留言，高度赞扬了尼赫鲁为开创不结盟运动做出的重要贡献，指出世界弱国是不结盟运动的受益者。

5月29日上午的行程安排是参观新德里的农业研究中心，我们遍访研究中心的各个部门，亲眼见到一些最为珍贵的农业和畜牧业品种。中心的官员向我们详细介绍了农业生产各阶段的情况，以及应对病虫害的方法。之后，我们又前往法里德阿巴德的工业区，参观那里的重型拖拉机和起重机厂。那天中午，甘地夫人为我的夫人和孩子举行特别午宴，她的儿子拉吉夫、儿媳索尼娅及子女一同参加。当天晚上，印度副总统西达亚特·阿拉设晚宴招待我和沙迦代表团成员，甘地夫人代表印度方面出席。

5月30日上午，我前往位于印度北方邦首府勒克瑙的学者研修院，拜访著名学者，谢赫阿比·哈桑·纳德维。由于我和谢赫阿比·哈桑·纳德维及弟子一直保持密切、友好的交往，他们为我到访研修院举行了隆重的欢迎仪式。

我对谢赫阿比·哈桑·纳德维这位大学者十分敬重，只要他来沙迦，从来不是他来看我，而是我本人匆匆赶去登门拜访。我记得，该我发言的时候，我向研修院的师生说："学者向苏丹[1]登门示好，此为宗教之祸；苏丹向学者登门求教，此乃宗教之福。"

在克什米尔，我会见了那里的穆斯林领袖谢赫阿卜杜拉，他在克什米尔长期监禁后被释放。我和谢赫会面的地点是我下榻酒店前面的花园，他想告诉我他在印度监狱内外遭受的种种磨难，于是我们在花园里边走边聊。谢赫走路时右手拄着一根拐棍，一边走一边倾诉心中的苦楚和怨恨，他的经历令我伤心不已。

在克什米尔停留数日之后，我们一行前往孟买。几天后，我于6月7日离开印度返回沙迦。

出访巴基斯坦：会谈与交锋

在访问印度之后不到一年，应总统穆罕默德·齐亚哈克的邀请，我出访巴基斯坦。1983年4月16日上午，我和代表团从沙迦机

1 此处"苏丹"是双关语，同时暗指作者苏尔坦自己。

场出发前往拉瓦尔品第[1]，对巴基斯坦进行为期六天的官方访问。

我们当天下午抵达拉瓦尔品第，巴基斯坦财政部长吴拉姆·伊沙克汗代表齐亚哈克总统到机场迎接，一同到机场迎接的还有多名巴基斯坦高级官员，联合酋长国驻巴基斯坦大使赛义德·本·阿里·诺维斯和使馆人员，以及巴基斯坦驻联合酋长国大使埃米尔·尤里斯坦·甘朱。

国宾欢迎仪式在阿拉伯联合酋长国和巴基斯坦共和国的国歌声中开始，我开始了对巴基斯坦的访问。我先检阅仪仗队，然后和前来迎接我的阿拉伯国家驻巴基斯坦大使一一握手，并向在场的巴方官员表示问候。接着我们前往拉瓦尔品第的友好宫。

当天晚上，我与齐亚哈克总统举行会晤，联合酋长国驻巴大使赛义德·本·阿里·诺维斯一同参加。在45分钟的会晤中，双方讨论了两国在经济、贸易、工业领域的合作，以及加强双边关系的途径。会晤还涉及伊斯兰和阿拉伯世界的其他重要话题，尤其是巴勒斯坦问题。我们谈到了中东诸多问题的最新发展，国际社会对这些问题的态度，以及解决问题的办法。关于两伊战争，我们谈到如何让这两个伊斯兰国家停止血腥的搏杀，谈到必须说服他们集中力量去对付犹太复国主义敌人。关于阿富汗问题[2]，我们谈到了那里的最新发展。齐亚哈克总统请我转达他对联合酋长国总统谢赫扎耶德殿下的请求，请他帮忙解决发生在卡拉奇的问题。

“您是指什叶派问题吗？”我问。

1　巴基斯坦旁遮普省城市，位于伊斯兰堡西南14公里。1959-1967年，在新首都伊斯兰堡修建期间，作为临时首都。

2　当时阿富汗处于内战状态，交战双方中，一方是受苏联支持的政府军，另一方是受巴基斯坦和西方支持的圣战者。

“是的。”齐亚哈克答道。

“您是希望我们帮助你打击那些人吗？那些同样认为除了真主再无别的神，认为穆罕默德是真主的使者的那些人吗？”我接着问道。

“但他们和我们不一样。”总统回答说。

“我对这个和那个穆斯林从来都是一视同仁，”我接着又说，“您现在请谢赫扎耶德帮忙，但是您要知道谢赫扎耶德是多么敬重阿里·布托，可是你们的这位领导人却遭到处决！”齐亚哈克脸上怒容显现，但他只说了一句：“请用餐吧。”

在餐桌旁，礼宾主管扶住齐亚哈克的椅子，好让他落座。我听见这位总统用乌尔都语对他说：“这个人的嘴巴太厉害。”我的乌尔都语很好。

参加晚宴的有我的随行人员，巴基斯坦的几位部长，还有阿拉伯和其他国家的驻巴基斯坦大使。晚宴后和齐亚哈克总统告别时，我说的是乌尔都语。

1983年4月17日，我和巴基斯坦财政部长吴拉姆·伊沙克汗举行会谈，主要讨论在不同领域发展双边关系的可能性，以及开展贸易合作，包括互派贸易代表团和巴基斯坦向联合酋长国，特别是沙迦出口水果、蔬菜。我们还讨论了开办合资企业事宜，尤其是畜牧和养殖业。双方讨论的另一重要内容是在巴基斯坦设立沙迦国民银行分支机构的可能性。

我以沙迦酋长的身份告知巴基斯坦方面，沙迦投资公司已经要求卡拉奇天然气公司为沙迦的工业区和居民区用户修建天然气管道系统。

当天中午，我们前往伊斯兰堡北边的塔贝拉参观，由巴基斯坦负责农业与食品的国务部长左夫尔·阿拉罕·贾迈利先生陪同。在塔贝拉，接待我们的是巴基斯坦新闻部长扎菲尔·阿里·沙阿和几位当地官员。我们参观塔贝拉水坝，对方详细介绍了大坝如何蓄水，涡轮机如何发电，还有电力如何配送到巴基斯坦的各个城市。

参观行程结束后，新闻部长设午宴招待我和随行人员，不料联合酋长国驻巴大使和使馆人员发生食物中毒。在返回住处的途中，几乎所有的人都身体扭曲，表情痛苦，我是唯一幸运逃脱食物中毒的人。

晚上，我们游览景点、古迹和农业区，还参观了伊斯兰大学和建设中的费萨尔清真寺。这座清真寺由沙特政府出资建造。

1983年4月18日上午，我在下榻的拉瓦尔品第友好宫会见巴基斯坦石油与矿产部长罗·福曼·阿里先生。联合酋长国方面参加会谈的有国务部长兼石油与矿产部长，谢赫艾哈迈德·本·苏尔坦·卡西米殿下；联合酋长国驻巴基斯坦大使，赛义德·本·阿里·诺维斯。巴方参加会谈的人员包括驻联合酋长国大使埃米尔·尤里斯坦·甘朱，以及几位巴基斯坦石油部官员。会谈结束后我们参观了伊斯兰堡以北大约50公里的马里市。

因为巴基斯坦礼宾主管取消了我第二天，也就是4月19日访问杰赫勒姆市的行程，我晚上和他发生了争执。按原先的行程安排，我会访问圣训大学，并会见其创始人谢赫阿卜杜勒·加富尔。这位谢赫是我的一位老朋友，他的学校由我出资修建，那时即将完工。每次见到谢赫阿卜杜勒·加富尔，他都会邀请我访问他的学校，每次我都会对他说，访问巴基斯坦的时候一定会去他的学校。早在制定访问计划的时候我就让联络官通知了他。那天晚上，我问巴方礼宾主管取消行程的原因，他的回答是，那里太脏，不适合我去访问。

我反驳说："那里也许很脏，但是他们的心是干净的，不像你们，地方干净，心里脏。"

他说："您在这里，我就要对您负责。"

说话的当时，我就要求苏尔坦·苏韦迪和礼宾主管立即和我一起出发去杰赫勒姆，并且准备好明天的飞机，因为我要提前结束对巴基斯坦共和国的访问，返回沙迦。礼宾主管再三道歉，并保证严格按计划安排我的一切活动。第二天上午，我们从伊斯兰堡飞往杰赫勒姆。在机场的时候，巴基斯坦财政部长吴拉姆·伊沙克汗和其他几位政府部长，以及穆斯林国家驻巴大使一直把我送到飞机旁边。巴基斯坦负责农业与食品的国务部长左夫尔·阿拉汗·贾迈利先生全程陪同。

我们到了杰赫勒姆，全城的男女老少都出门迎接。圣训大学在学校的主楼前为我们举行了欢迎仪式，并同时为校医院奠基。参观完即将完工的教学楼，我们前往费萨拉巴德参观费萨尔农业大学。在那里，我们和教职员工见面，还参观了这所大学的一些院系和部门。费萨尔农业大学事先已有安排，决定授予我荣誉理学博士学位。出席仪式时，我穿过满是来宾和学生的大礼堂走向发言席。授予学位之前，校长热情洋溢地向来宾和学生介绍了我的情况，不乏赞美之词。

授予学位之后，我得知自己必须要做一个演讲，以表示对学校的感谢，这让我很意外。尽管没有演讲的准备，但我一直在思考如何以恰当的方式回应巴基斯坦政府的一些做法，不论是齐亚哈克总统所为，还是礼宾主管之举。我当时有一种与媒体见面的强烈愿望。

我走上发言席，眼前是一张张充满渴望的脸，急切地想知道我会说什么。我首先对费萨尔农业大学授予我荣誉学位表示感谢，然后接着说：

我来自沙迦，沙迦是以前受英国保护的酋长国之一。英国人离开后，我们建立了一个联邦国家，国名是阿拉伯联合酋长国。接着，我们又迈出了重要一步，联合海湾地区国家，将其置于一个统一的委员会的领导之下，这个委员会就是“海湾阿拉伯国家合作委员会”[1]。

你们经过斗争摆脱了英国殖民统治，你们高举伊斯兰的旗帜，本着伊斯兰教法的原则，建立了巴基斯坦国。穆罕默德·阿里·真纳[2]的助手、穆斯林联盟的创建者利雅卡特·阿里汗曾经说过：“我想要一个由伊斯兰教统治的国家。”然而，在你们牺牲了生命和财富建立起这个国家之后，你们却施行由人制定的法律。利雅卡特·阿里汗后来成为巴基斯坦总理，在他那个年代，所有的穆斯林都相信哈里发的国度将出现在巴基斯坦。

今天我们听到要求施行伊斯兰教法的呼声，如果有人问我伊斯兰教法的意义，我会说“伊斯兰教法是真主在人间的法律。这部法律不但规定了人与无生命物质及动物的关系，也规定了人与人的关系，这就是我们所说的伊斯兰教法，是决定这些关系的法律条文

1　1981年月15日在阿布扎比成立，成员国包括阿拉伯联合酋长国、阿曼、巴林、卡塔尔、科威特、沙特阿拉伯六国。

2　巴基斯坦国建国运动领袖，国家缔造者，第一任总统，被称为“巴基斯坦之父”。

的总合。”我们今天还听说有人试图修改偷窃罪的剁手刑罚，有人说从肩膀剁，也有人说从胳膊肘剁，还有人说从手腕剁。这些人忘记了伊斯兰教法里不仅有惩罚，而且还很多教人学好向善的内容。在施行伊斯兰教法之前，它的所有的不同要求都应该得到恰当的执行。我给你们举个例子：

奥马尔·伊本·哈塔卜把得到的布片公平地分给国民，每个人都分得他应得的一片布。但是奥马尔·伊本·哈塔卜走上布道坛的时候，人们却发现他身上却披着两片布。

他说：“啊，人们，你们听我说！”

“不！我们不听！”萨勒曼·法尔西回答说。

“为很么不听？”奥马尔问。

“因为你给我们每人一片布，而你却有两片。

“不要匆忙下结论，” 奥马尔说，接着又喊他的儿子：“阿卜杜拉·本·奥马尔！”

“愿意为您效劳，信众的君王。”阿卜杜拉答道。

“以真主的名义，我身上披的第二片布是你的吗？” 奥马尔问。

“是的。”阿卜杜拉回答。

于是萨勒曼说道：“现在我们愿意听你的。”

我稍作停顿，继续说：

你们看见了吗？这就是国民对一国之君的审判，因为他占有两片布，比他的国家里的任何一名穆斯林都要多。于是国民开始挑战奥马尔的权威，直至他说清楚第二片布的来源。只有在这样的情况下我们才能施行伊斯兰教法。如果你们巴基斯坦人要成为政治领袖，你们就不要将伊斯兰教用作达成结果的手段；如果你们巴基斯坦人要拥有政治地位，就不要把伊斯兰用作实现目标的工具。请不要将伊斯兰的法律和你们的立法掺合在一起，除非你们完全相信伊斯兰法律。真主会引领你们走向国家最美好的未来，原真主保佑你们平安。

结束了费萨拉巴德的行程，我们前往拉合尔[1]，在那里受到旁遮普省总督吴拉姆·吉拉尼汗将军的欢迎，参加迎接的还有拉合尔地方政府的部长和官员。吴拉姆·吉拉尼汗将军在政府大楼设晚宴招待我和随行人员。

1983年4月20日上午，我参观拉合尔伊斯兰大学，并在法官的毕业典礼上发表演讲，号召毕业生坚持伊斯兰教义。演讲后我向毕业的法官颁发毕业文凭。在拉合尔，我还参观游览了当地的名胜古迹。在巴德夏西清真寺，我亲眼见到手书的《古兰经》经文，我还去了几座古城堡和夏利马尔花园。

1983年4月21日上午，我们从拉合尔机场出发，前往旁遮普省的木尔坦市。我们在那里参观了一家化肥厂，阿布扎比国家石油公司拥有这家工厂48%的股份。然后我们从木尔坦返回卡拉奇，巴基斯坦方面的官方欢迎仪式之后，我们下榻卡拉奇的友好宫。

1983年4月22日上午，我和代表团从卡拉奇机场返回沙迦。

1　旁遮普省城市，巴基斯坦文化与艺术中心，有两千多年历史，曾是莫卧儿王朝首都，素有“花园城市”之称。

第六章

前进中的沙迦

1983年一年中，沙迦举办了一系列的大大小小的会议和研讨会，以及丰富多样的文化活动。本章记述的是其中最重要的事件和活动。

国际运动第二次地区大会

1983年3月2日，国际运动第二次地区大会在沙迦开幕，参加大会的国家包括巴林、科威特、利比亚、约旦、伊拉克，以及阿拉伯联合酋长国。在为期四天的大会期间，与会各国讨论了与残障人士有关的各类问题。

大会决定，由几名商人出面资助阿拉伯家庭组织，协助其向接受该机构培训的人员提供高质量的人道主义和职业服务。为吸引全体阿拉伯国家的参与，大会还决定将“地区中心”改名为“阿拉伯运动残障人士中心”。

1983年3月2日，星期六。这天上午我在赛义夫宫的外厅接见了参加大会的各代表团成员。由于没有方便轮椅上下的坡道，来宾们要爬八级台阶才能到达大厅。我和代表们握手的时候，巴林代表团的一位代表让坐轮椅的穆妮拉·本·辛迪起身和我握手。

“可是，你是怎么上到大厅来的？”我问她。

“他们连人带轮椅把我抬了上来。”穆妮拉回答说。

见此情景，当天我就下令在所有的政府机构和部门修建轮椅坡道。命令首先在赛义夫宫得到落实，外厅立即修了两条坡道。

在参加大会讨论的时候，我向阿拉伯各国教育部发出呼吁，要想方设法在课堂和学校活动中，统一对待有特殊需求的学生和其他学生，以防有特殊需求的学生产生被遗弃的感觉，进而和同学们疏远。同时我还呼吁改善残障人士中心的现有条件，以便提供更好的服务。在讨论中我还表达了对联合酋长国所有关爱特殊需求人群的社会组织的支持和鼓励。

文化活动

1983年的沙迦举办了丰富多样的文化活动，目的就是为国家打造坚实的文化基础。以下文字记述了其中最引人注目的几项活动。

第二届雕塑艺术家年展

1983年3月17日，在沙迦会展中心，谢赫萨克尔·本·拉希德·卡西米代表我为第二届雕塑艺术家年展揭幕。

戏剧表演

一直以来，沙迦的戏剧活动明显表现平平。为此我建议相关机构对戏剧创作和表演给予更多的关注，不仅把戏剧当作一种教育工具，还要把它看成提高社会意识、关心社会问题的途径，从而创作出优秀的节目，促进戏剧事业的发展与繁荣。

为了使戏剧演出活动与学校教育有机结合起来，沙迦举办了首届校园戏剧节。1983年4月4日，各学校编排的剧目开始在沙迦教育区的各校园登台表演。4月13日在哈利德剧院，谢哈贾瓦赫·宾特·穆罕默德·卡西米女殿下[1]宣布女子学校校园戏剧节开幕。

第二届书展

1983年10月13日，第二届沙迦书展开幕，教材与教学设备展与书展同时举办。沙迦文化与新闻部曾考虑将这两项展览的开幕作为文化部的第三届文化节的开始。

这次书展持续两周，展出的图书超过一万两千种。参加书展的除了沙迦本地的专业书店外，还有来自联合酋长国、黎巴嫩、叙利亚、苏丹、伊拉克、突尼斯、埃及、英国、法国等国的出版社。参展的图书超过一百五十万册，涉及众多领域和主题。展区数量超过二十个，开架展出，参观者可随意翻阅。展出的书籍涵盖以下学科领域：法学、伊斯兰研究、语言学、社会学、历史、地理、法律、自然科学、哲学、文学、医学、经济、政治，等等，教材和办公设备设有专门的展区。此外，书展还设有专门的儿童读物展区，展出最新出版的儿童文化书籍。

书展期间，在非洲礼堂举办了四场文化讲座：穆罕默德·阿明·阿利姆博士的《阿拉伯世界的文化》、穆罕默德·贾比尔·安萨里博士的《阿拉伯世界的图书危机》、阿卜杜勒·阿齐姆·马纳夫博士的《阿卜杜勒·纳赛尔与文化》，以及扎卡利

1　那一天，新的伊蒂哈德（联盟）纪念碑一直覆盖着，直到阿联酋国庆节那天，即1989年12月1日我才亲自揭幕。

亚·塔梅尔先生的《儿童文化》。

书展期间还举办了两场诗歌晚会，分别由哈利夫·瓦基扬和艾哈迈德·达赫布两位诗人领衔。在戏剧表演方面，沙迦国家剧团在书展期间举行了话剧《这边的番红花》首场演出，剧作者分别是阿卜杜勒·拉赫曼·曼尼（卡塔尔）和福阿德·沙提（科威特）。

海湾合作委员会一体化与发展战略研讨会

1983年3月7日，海湾合作委员会一体化与发展战略研讨会在沙迦城召开。为期四天的研讨会由合作委员会的秘书处组织，目的是为海湾合作委员会的长期战略提出一套全面构想，成员国的发展规划和纲要将以这一长期战略为牵引。

阿拉伯联合酋长国、巴林、科威特、卡塔尔、阿曼苏丹国、以及沙特阿拉伯等国的顶尖学者参加了会议的各项议程。与会学者来自不同的领域，包括经济、贸易、规划、油脂生产、石油与石油化工、工业、传媒、法律、政府服务、电力、劳工、港口、管理、投资、农业、以及交通运输和教育。好几位大学教授也出席了研讨会。

决定出席这次研讨会的还有多位重量级人物，他们是海湾合作委员会秘书长阿卜杜拉·比沙拉，总部在突尼斯的阿拉伯联盟教育科学文化组织代表阿卜杜勒-阿齐兹·贾拉勒博士，总部在卡塔尔的海湾工业投资组织秘书长D.阿卜杜拉·米加勒。

海湾合作委员会秘书处的消息人士早前表示，这次研讨会是应秘书处的要求举办的，旨在落实海湾合作委员会第一次规划部长会议的决议。这次会议1982年4月在巴林举行，会议通过决议，要求制定一项长期战略，以确保委员会的发展规划和纲要得到执行。相关计划和纲要主要集中于培养有伊斯兰信仰和阿拉伯传统自豪感的良好公民，这样的公民应该具有影响力和感召力，并且能够赢得社会和他人的尊重。此外，来自海湾合作委员会成员国的杰出学者、学术机构和私人部门的代表也参加了研讨会。消息人士还透露，研讨会上形成的建议将提交定于四月份举行的规划部长会议。

值得一提的是，经济一体化协议第十款有如下表述："为了实现经济一体化目标，成员国必须采取措施协调与同步各自的发展规划。"在规划部长会议开幕的演讲中，我表达了这样的愿望：我希望海湾合作委员会成员国所有的社会阶层，从最底层到最高层，都应为落实委员会决议有所贡献，我还希望在形成一整套自上而下的决议之前，海湾合作委员会秘书处首先解决议会和城市问题。

海湾合作委员会秘书长阿卜杜拉·比沙拉在研讨会上发表演讲，他感谢我为会议致开幕词，并且指出，海湾地区在过去的时间见证了两个重要变化：一是阿拉伯联合酋长国建国，他认为联合酋长国的经验催生了海湾合作委员会；二是海湾合作委员会于1981年5月成立。

比沙拉在演讲中证实，促成海湾合作委员会的阿布扎比会议是受联合酋长国经验影响的结果。他形容委员会是一种协调一致的强大合力，正在取代各自为政的低效决策。他还指出，委员会的目标过去是、现在仍然是集中各国力量致力于内部发展和外部协调，从而实现海湾一体化的最终目标，实现这一目标的途径就是经济一体化。在接下来的演讲中，比沙拉将这次研讨会形容为迈向齐心协力的重要一步，将促使成员国运用一切手段，整合个人、民间、官方的力量，实现一体化目标。

开幕会结束后，第一次工作会议闭门举行，仅会议的政府和官方机构代表参加。闭门会议的目的是提出一套总体战略，统领各成员国的发展规划和实施步骤。会议的另一目的是讨论和制定相关政策，以最大限度地利用海湾合作组织的现有资源，实现收入来源的多样化，以适当的方法发挥现有人力资源的最佳效能。

此次研讨会讨论了以下几大问题：

协调和加强普通教育，提高劳动力的素质；

扫盲；

海湾地区家庭计划；

社会与文化意识；

经济发展带来的社会变化，及其负面影响。

会议还从粮食生产与自足的角度讨论了农业发展和水资源问题。研讨会还结合石油生产和出口，以及各成员国的石油储量，研究了工业发展和能源问题。研讨会议程所涵盖的议题包括成员国的投资、货币、金融政策，以及商业银行在经济发展中扮演的角色。

关于媒体和文化领域，研讨会讨论的问题包括：

媒体在发展中的作用；

海湾国家联合制作节目；

海湾国家图书馆。

海湾合作委员会各领域的专家也参加了此次研讨会，会议形成的专家意见将提交1983年4月的海湾合作委员会规划部长会议。

巴勒斯坦问题国际会议

1983年4月25日在沙迦的大陆酒店，我宣布巴勒斯坦问题国际会议开幕。这次会议由联合国与西亚经济社会委员会联合举办。我在开幕式上发表演讲，谈到此次会议的重要性，以及1948年失去家园以来巴勒斯坦人遭受到的物质和精神的灭绝行动。

我还谈到去年夏天发生在贝鲁特的惨剧。[1]我形容这场惨剧是某超级大国支持下的、犹太复国主义侵略暴行的明证，而正是这个超级大国，被一些第三世界国家当成和平与进步的希望。

我在演讲中再次重申阿拉伯联合酋长国的态度：为达成巴勒斯坦问题公平、公正的解决，我们将动用一切政治和经济资源。我还表示，这一解决方案的基础应该是：以色列从全部被占领土撤军，巴勒斯坦建国，以及支持巴勒斯坦人民实现其合法要求。

联合国巴勒斯坦问题会议秘书长露西尔·梅尔女士，在大会发言时代表联合国对我赞助这次会议表示感谢，她还感谢这次会议的东道主，阿拉伯联合酋长国政府和人民。露西尔·梅尔女士说：“联合国方面希望召开更多的会议，从而吸引全世界更加关注与巴勒斯坦问题有关的各项议题，进而找到更为有效的途径，确认巴勒斯坦人民的诉求的合法性。”

1　1982年7月，以色列入侵黎巴嫩南部，并占领贝鲁特数周。其间，以色列军队支持和保护的黎巴嫩基督教民兵在萨布拉街区和邻近的夏蒂拉难民营制造了针对巴勒斯坦人的大屠杀，1700多名平民遭杀害。以色列对南黎巴嫩的占领一直持续到2000年。

在露西尔·梅尔女士之后发言的是巴勒斯坦解放组织驻联合国观察员祖赫迪·达尔齐，他发言的身份是“巴勒斯坦人行使合法权利”联合国委员会的代表。他在发言中提到，该委员会在过去的七年里为帮助解决这一中东问题做出了巨大努力。早在1976年，该委员会就提出建议，在联合国决议的基础上公正合理地解决巴勒斯坦问题。虽然这些建议多次得到联合国大会的支持，但由于一些理事国的反对，安理会没能形成决定性的决议，导致这些建议从未付诸实施。

联合国秘书长助理，西亚经济社会委员会执行主席穆罕默德·赛义德·阿塔尔也在大会上发言。他谈到犹太复国主义者在被占领土的种种行径，呼吁各代表团提出强有力的建议，向全世界说明犹太复国主义者继续占领巴勒斯坦领土带来的各种风险。他还敦促国际社会执行联合国大会关于巴勒斯坦以及其他中东问题的决议，并且发出呼吁，依据联合国宪章和原则向被占领土内外的巴勒斯坦人提供物质支持，提高巴勒斯坦民族权利机构的工作效率。

随后发言的是巴勒斯坦解放组织驻贝鲁特代表，参加大会的巴解组织代表团团长沙菲克·胡特先生。他在发言中声称，如果正义得不到伸张，彻底解决巴勒斯坦问题就会遥遥无期，以色列在美国的支持和怂恿下，为全世界伸张正义的努力设置障碍。

沙菲克·胡特先生发言后，阿拉伯联合酋长国负责外交事务的国务部长拉希德·阿卜杜拉被选举为本次大会的主席，沙菲克·胡特和也门共和国代表穆罕默德·哈维当选大会副主席。拉希德·阿卜杜拉致欢迎词，对各参加大会的各代表团表示欢迎，希望大会提出有益的建议，在世界范围内推动巴勒斯坦解放事业，促成巴勒斯坦问题的公正、永久的解决。

拉希德·阿卜杜拉还明确指出，巴勒斯坦问题之所以久拖未决，是因为历史上发生的针对巴勒斯坦人的国际阴谋。犹太复国主义者为犹太人寻求家园的愿望恰好迎合了帝国主义者在中东地区建立强大军事基地的企图。他说："全世界都知道，以色列是一个保护帝国主义分子战略利益的军事基地，巴勒斯坦人民1948年以来遭受的苦难有可能在本地区任何一个国家重演。"拉希德·阿卜杜拉还说，过去几年发生的事情表明，以色列不可能接受一个与巴勒斯坦人和平共处的未来，因为其侵略本性与和平诉求背道而驰。拉希德还表达了对局势的失望与沮丧，因为越来越多的国际压力正在指向巴勒斯坦，而非以色列，他进一步指出，以色列口口声声支持和平与安全，但实际上只是其恐怖行径的伪装。1981的年阿盟菲斯首脑会议[1]让以色列这些伎俩暴露无遗，在这次会议上各国达成一致，提出了目标明确的《阿拉伯和平计划》。

拉希德还向与会代表还描述了巴勒斯坦人难以想象的悲惨境遇，他说，在以色列人的进攻下，穆斯林圣地也难以幸免，阿克萨清真寺[2]即是典型的例子。以色列人对巴勒斯坦人的财物、大学、中小学也不放过，肆意破坏，他们的暴行最近已到了无以复加的地步，他们毒害巴勒斯坦少女，甚至对她们施以绝育手术。

在发言的最后，拉希德·阿卜杜拉强调，巴勒斯坦人民如果

1　1981年11月，第12次阿拉伯首脑会议在摩洛哥非斯开幕，因与会国对沙特提出的中东和平方案存在分歧，开幕后随即休会。1982年9月，中断10个月的首脑会议复会。会议通过了解决巴勒斯坦和中东问题的八项原则。

2　伊斯兰第三大圣寺，地位仅次于麦加圣寺和麦地那先知寺。"阿克萨"意为"极远"，故又称"远寺"。1969年8月21日以色列人又放火烧毁了清真寺的主要建筑。

不能重获权利和建立自己的独立国家，他们的痛苦就不可能有丝毫的减轻。他强烈呼吁，不要再增加巴勒斯坦人的痛苦，不要再向他们施加压力。

“阿拉伯与美国人民连线”组织

我之前一直考虑成立一个“阿拉伯与美国人民连线”组织，帮助阿拉伯民间团体与对应的美国民间机构建立直接联系，从而向美国人民解释阿拉伯人关于世界的看法和面临的各种挑战，并且宣传没有受到西方歪曲的阿拉伯的文化成就，而这种歪曲在西方是常有的事。根据计划安排，该组织的成立大会定于1980年5月12日在沙迦召开。那天是星期一。

我在成立大会上发表演说：

> 巴勒斯坦的阿拉伯人正面临巨大的挑战。一直以来，美国蛮横无理、明目张胆地试图扑灭巴勒斯坦革命，它一边为和平解决方案和自治计划背书，一边鼓动地区代理人对抗巴勒斯坦革命。犹太复国主义在巴勒斯坦的存在好比长在阿拉伯民族心中的毒瘤，危害阿拉伯民族的团结统一，在经济和文化的所有领域阻碍阿拉伯民族的进步。
>
> 为了达到颠覆巴勒斯坦革命的目的，美国拿出了一份所谓的自治计划，其目的只有两个：
>
> 一是打情感牌，利用巴勒斯坦人建立独立的实体国家的迫切心情，使他们远离革命；第二，也是进而为以色列的存在背书。
>
> 鉴于美国及其盟友针对该地区的计划和目标已经

公开，我们有必要拿出一套新的、有根有据的策略，使我们能够绕过美国政府的官方立场，直接与美国人民对话。之所以要采取这样的战略，是因为美国已经政府剥夺了巴勒斯坦人重返家园、在自己的领土上建立属于他们自己的国家的权利。

在这里，在阿拉伯联合酋长国，我们要对美国人民说，远离邪恶的犹太狂热，不要做国际犹太复国运动的应声虫，尽管这一运动已经影响到美国社会的各个层面，在美国社会发挥着重要作用。我们要对美国人民说，对他们的良知、理智和心扉说：阿拉伯民族和美国人民在历史上并无宿怨，但是一届届美国政府收留和养大了犹太复国主义外来政权，就像扎在阿拉伯民族心头的一根毒刺，经常挑起阿拉伯民族和美国人民之间的仇恨。

在5月12日的开幕大会上，其他几位发言者也先后发言。大会的各项议程在5月13和14日，也就是星期二和星期三继续进行。出席了这次大会的重要人士包括：总部在纽约的美国-阿拉伯关系行动委员会的创始人和主席，穆罕默德·马赫迪博士；科威特《舆论报》总编，优素福·马萨伊德先生；沙特阿拉伯作家，谢赫阿卜杜拉·库萨比；阿拉伯联合酋长国联邦国民议会主席，塔里亚姆·本·伊姆兰·本·塔里亚姆。一些关心巴勒斯坦和阿拉伯问题的人士也出席的大会。

与会代表讨论了宣传方法问题，以期用最有效的阿拉伯方式向美国和欧洲人解释阿拉伯问题。

5月14日晚，我当选“阿拉伯与美国连线”组织主席，穆罕默德·马赫迪博士当选该组织秘书长，同时还选出了三位副主席和一位财务主管。董事会成员25人。

5月18日，谢赫扎耶德·本·苏尔坦·阿勒纳哈扬总统殿下接见以穆罕默德·马赫迪博士为首的“阿拉伯与美国连线”组织执行委员会成员。接见结束后，谢赫扎耶德殿下表示，他希望美国、西欧、还有其他工业化国家做做统计、数字计算、或者研究，算清楚自己在阿拉伯世界的利益有多大。西方人的思维善于理解数字的东西，他们会明白他们的利益和阿拉伯人紧紧地捆绑在一起。美国人从与阿拉伯人的关系中获利，作为结果，他们会切断与犹太复国主义国家的关系。

“阿拉伯与美国人民连线”组织的工作持续开展，1982年5月20日第二次大会在沙迦召开。在沙迦，我是组织行政理事会的会长；在纽约，我是行政委员会的主席。

会上，副主席阿卜杜拉·库萨比介绍和分析了“阿拉伯与美国人民连线”组织在美国的活动和努力，揭露犹太复国主义宣传机构关于阿以冲突和巴勒斯坦民族权利的误导性宣传。经这次大会同意，“阿拉伯与美国人民连线”组织将参加下一阶段在在美国举行的一系列政治和文化会议。

谢赫阿卜杜拉·库萨比还提到，这次大会将接受数量众多的来自阿拉伯世界和美国的文化和政治人士加入组织。另外，这次大会还批准了“阿拉伯与美国人民连线”组织上一年（1981年）的财务报告。

人民连线组织还成功说服16位美国知名人士成为组织的董事会成员，其中包括律师阿卜丁·贾巴拉、易卜拉辛·阿布·卢格霍德博士，以及芝加哥北园大学讲师雷夫德·唐纳德·瓦格纳。

瓦格纳活跃于多家关心圣城耶路撒冷和阿以冲突美国基督教机构，主持过各类有关中东问题的研究，目的是启蒙基督徒的基督教犹太复国主义思想。

1983年9月22日，在我的领导下，人民连线组织第三次会议在沙迦召开，包括美方董事在内的董事会成员出席。会议决定由我致信阿拉伯世界的国王、总统、王储、部长、政治人物、以及新闻界人士，向他们解释人民连线组织的活动和目标。与信函一起寄出的还有人民连线组织前期出版的两本书，《以色列的宗教恐怖主义》和《犹太复国主义的中东计划》，揭露以色列在阿拉伯世界的犹太复国目标和扩张计划。

会议还决定，委派贾韦德·古塞因和哈桑·哈达德，代表我出席美国大学校友会大会。大会将于1983年11月在美国首都华盛顿召开。

穆罕默德·马赫迪博士后来在发言中谈到人民连线的时候，涉及到一些他未被授权谈论的领域。他攻击和谩骂美国政府，言辞冒犯，以至于美国代表团要求我出面制止他的行为。1985年初，压垮人民连线组织的最后一根稻草终于出现：穆罕默德·马赫迪以人民连线组织的名义，将一张一万美元的支票交给北爱尔兰的爱尔兰共和军。这张支票的照片和新闻一起出现在数家美国报纸。这一事件使“阿拉伯与美国人民连线”组织走到了终点。1985年2月9日，我要求沙迦的人民连线总部办事处主任哈桑·哈达德、财务审计长贾韦德·古塞因和秘书长舒凯尔·萨利赫·扎基三人和我见面。我通报了穆罕默德·马赫迪博士的不当行为，向他们解释这种行为如何与人民连线组织的目标背道而驰。我决定退出人民连线组织，雷夫德·唐纳德·瓦格纳随我一同退出。

法官会议

1983年10月3日，我在沙迦法院大楼召集了一次法官会议。除沙迦司法部长谢赫哈马德·本·马吉德·卡西米和副部长穆罕默德·本·朱马·穆塔瓦之外，出席会议的还有几名法官和公共总检察官，以及多位地区检察官。

会上，我发布命令，关闭在沙迦城销售酒类的全部公司、商场和店铺。会议持续一个多小时。进入会议的最后一项议程，司法部长谢赫哈马德·本·马吉德·卡西米宣布讨论开始，内容是与法庭工作有关的几个问题。他也提到关闭沙迦城所有酒类销售场所命令的执行。

会议还讨论了将酗酒行为交由伊斯兰教法庭审理的可能性，因为根据伊斯兰教法，酗酒违法，必须受到处罚。伊斯兰教禁酒，对违禁行为施以相应的惩罚，所以伊斯兰教法法官应做出符合伊斯兰教义的判决。接着，司法部长传达我的命令，在被判决有罪之前，被告人无罪；必须遵守这一原则，将临时拘禁者与判决有罪的犯人区别对待。

另外，司法部长还补充说，有与会者提出应对某些民事案件的处罚进行修改，因为现有的诸如监禁和罚款处罚并未得到实施，尽管最近已经制定了更为严厉的处罚措施。

少年犯罪也被列入会议的议程。我要求此类案件必须尽快处理，不得拖延。关于少年犯罪的另一议题是，案件能否先由伊斯兰教法庭审理，然后再将少年犯交由其家庭看管。这样做的目的是为了保持少年犯家庭的完整。

第七章

出访多国

1983至1985年是沙迦拓展对外关系的两年。在地区和国际舞台，我的数次官方和私人性质的出访使沙迦的对外关系得到进一步强化。

访问苏丹

我之前收到苏丹的伊斯兰达瓦[1]组织的邀请，邀请我参加该组织董事会第四次年会的开幕式。由于事先在伦敦已有重要安排，我谢绝了他们的邀请。然而他们坚持要我参加开幕式，一个重要原因是加法尔·尼迈里总统已经下令取消会议。但他们告诉我，如果我出席，总统将不会取消这次会议。他们请我通知苏丹外交部我的到达时间，我只好照办。

1983年5月12日上午，我和妻子直接从伦敦飞往喀土穆。

日落前我们抵达喀土穆机场，迎接我们的是苏丹第一副总统穆罕默德·奥马尔·塔伊布将军和几名苏丹高级军官。联合酋

1 “达瓦”（Da ‘wa），阿拉伯语的“宣传”、“传达”之意。

长国驻苏丹大使奥贝德・祖艾比，苏丹驻联合酋长国大使阿卜杜勒・拉提夫・哈米德・易卜拉辛博士也一同到机场迎接。

计划的访问时间只有数小时，之后我就返回沙迦。我和妻子在喀土穆的一家酒店稍事休息，期间穆赫塔尔・图姆前来拜访。亡兄谢赫哈立德・本・穆罕默德・卡西米执政沙迦期间，穆赫塔尔・图姆是沙迦市政当局主席；我初任沙迦酋长时，他也短期担任这个职务。

见面时，我给穆赫塔尔・图姆看了我将在开幕式上演讲的讲稿，这是我在飞往喀土穆的飞机上赶写出来的。我在讲稿里回忆了与友人一次对话，是这样写的：

> 我的朋友问我："你这是要去哪里啊？"
>
> "去喀土穆。"我回答。
>
> "去那里做什么？"朋友又问。
>
> "参加伊斯兰达瓦组织大会。"
>
> "你们会讨论婚姻和离婚问题吗？"
>
> "我们将讨论统治者与《古兰经》的关系问题。"

我从讲稿里挑了另一段，念给穆赫塔尔・图姆听：

> 奥马尔・伊本・哈塔卜曾经说："如果统治者偏离了正确道路，就应该被处死。"
>
> "不能这样，应该纠正他的过失才对。"阿布・奥贝达・贾拉说。
>
> "不对，应该处死他，用以警示后人。"奥马

尔·伊本·哈塔卜这样说。

这时，穆赫塔尔·图姆用手按住稿纸，对我说：

“请您删掉刚才念的这段，它可能会引起麻烦。”穆赫塔尔·图姆建议我删掉这段话，他做得对，我听从他的建议删掉了，也是做得对，因为我把这句话写错了。后来我了解到这句话的正确版本，奥马尔·伊本·哈塔卜是这样对塔尔哈说的：“但愿我能和你们所有的人同舟共济。人民从他们自己当中选出一个人当领导人，并非难事。如果他正直而且公正，人民就跟随他，但如果他误入迷途，人民就处死他。”

于是，塔尔哈说：“您的意思是说，如果他误入迷途，人民就把他赶下台吗？”

“不，处死他，以警示后人。”奥马尔回答。

伊斯兰达瓦组织董事大会在喀土穆友谊会堂召开，与会者人数众多。我在开幕式的演讲中说，我非常渴望参加这次大会，因为对于统一穆斯林的思想、引导我们走上正确的道路，这样的集会很重要。我呼吁人们保持宗教和政治的密切联系，我对他们说：

> 我们必须努力使《古兰经》成为我们的指路明灯，必须为实现这个目标勇敢奋斗。我们穆斯林有超过10亿的人口，每当伊斯兰教扩散到一个新的国度，我们都会感到无比骄傲。那么，我们还是少数族群吗？真主啊，我们不是！但是，我们必须从穆斯林的口中听到赞美伊斯兰教的话语，努力坚持伊斯兰教义。

谈到伊斯兰的“舒拉”（“协商”）原则时，我说：“‘舒拉’作为一种原则在《古兰经》的相关章节已有明文规定。有一句经文说‘当与他们商议公事。’，还有一句是‘他们的事务，是由协商而决定的。’”伊斯兰达瓦组织的晚宴结束后，我赶往喀土穆机场，从那里飞回沙迦。送行的场面一如迎接我时那样隆重、热情。

去麦加行副朝

伊斯兰历1403年9月18日对应公历1983年6月30日。这天晚上我率领代表团前往沙特阿拉伯。沙特王子沙特·本·阿卜杜勒·穆赫辛、麦加副总督、联合酋长国驻沙特大使在吉达机场迎接我们一行。

1983年7月1日，我们前往麦加行副朝。7月2日晚，沙特国王法赫德·本·阿卜杜勒-阿齐兹在麦加王宫接见了我，艾哈迈德·阿布·鲁海马大使、沙特王国驻联合酋长国大使萨利赫·苏莱曼·福詹，以及我的代表团成员参加了会见。会见之后我们和法赫德国王一起用封斋饭[1]。也是在这天晚上，在大清真寺行完霄礼和泰拉威礼[2]，我到其府上拜会了谢赫阿卜杜勒-阿齐兹·本·阿卜杜拉·本·巴兹，他是沙特阿拉伯的大穆夫提[3]，同时还担任科学研究、伊夫塔[4]、达瓦和训导委员会主席。我们见面时探讨了几个对穆斯林具有重要意义的宗教问题。

1 伊斯兰教斋月期间，早晨日出前和晚上日落后吃饭，称为封斋饭，其余时间禁食。

2 斋月晚间的一种特殊礼拜。

3 伊斯兰教法典说明官或伊斯兰教宗教领袖。

4 开斋后的盛宴。

7月3日晚上，我拜访了沙特王子苏尔坦·本·阿卜杜勒-阿齐兹，他是沙特第二副首相兼国防与航空大臣，见面地点是王子在麦加的行宫。苏尔坦王子为我和随行的代表团准备了丰盛的封斋饭，艾哈迈德·阿布·鲁海马和萨利赫·苏莱曼·福詹两位大使也一起用餐。

我于7月4日上午返回沙迦。

访问克罗地亚

1983年8月18日，我抵达克罗地亚首都萨格勒布，此次访问的目的是视察萨格勒布清真寺工程。一年半前，克罗地亚大穆夫提到沙迦看望我，我提出由我出资为萨格勒布修建一座清真寺。此行的第一站是会见克罗地亚副总理，这样的安排很有必要，我要感谢他的政府允许穆斯林修建这座清真寺。

接着，我前往清真寺参观，工程规模宏大，几公里之外就能看到。清真寺位于一条连接西欧和东欧主要公路的接合点。参观尚未完工的清真寺之后，我又来到克罗地亚穆斯林的总部，这个总部并不比一套公寓大，而穆斯林们就在这个地方处理他们的宗教事务，接待前来吊唁或道贺的人。我对克罗地亚的这次访问只有几个小时。

关于海湾合作委员会的采访

1984年3月21日，在启程前往阿曼苏丹国进行官方访问的三天前，我接受科威特《政治报》的采访。鉴于记者所提出问题的重要性，现摘录如下：

问：谢赫苏尔坦殿下，关于成员国间的社会经济合作，您认为海湾合作委员会在哪些方面未能有所建树？

答：海湾合作委员会的表现非常好，这里我想说一些大家都能看到的提升合作的种种表现。记得有一次到科威特访问，我忘了带护照。在机场的时候我没有告诉他们护照不在身上，而是问“你为什么要看我的护照呢？我是海湾合作委员会成员国的公民，所以不需要护照。”

加速合作措施的实施将强化成员国之间的合作原则。例如，在这里，在阿拉伯联合酋长国，我们取消了内部边界，真正成为一个国家。我乐见本地区的公民自由往来，无需护照，只需身份证。

通过改善沟通和联络手段加强本地区国家间的社会联系，这一点很重要。已决定修建连接各国的道路交通网络，这当然很好，但关键是要抓紧实施。我个人认为，本地区只需要一个快速、不间断的空中交通体系。

还有另外一个方法可以把成员国联系在一起。游客拿着签证进入某国，他为什么不能用同一签证进入本地区的另一个国家呢?比如，科威特向一名外国人发放了签证，如果进入联合酋长国、巴林、或其他任何海湾合作委员会成员国境内时，这个签证同样有效，这不失为一个很好的想法。

实现合作的方法多种多样，微小的细节往往意义不可小看。就拿天气预报来说，我认为应该从海湾合委员会全区域的视角预报天气，而不应从各成员国自身的角度。

就经济层面而言，如果那些众多的机构在本地区已经完成建立的话，海湾合作委员会或许已经成为现实；它也本可以在某个不合适的经济时期出现。但是我们可以有所作为，将民众的利益联系起来，以对全体有利的方式将这些机构和利益联系起来。

问：殿下，海湾地区已是财富聚集之地，您是否认为这一地区已经今非昔比？十年后的情形又将怎样呢？

答：海湾会一直是我们的海湾。其实，除了水泥森林和混凝土文明的发展速度有所下降，并没有出现什么新事物，而这也正是我们目前所需要的。

过去出现过不合理支出的情况。在海湾社会，即便是个人也一度成为浪费资源的工具，他们像商人一样，借钱只是为了花钱，金融机构也对他们有求必应。

我们必须阻止这一切的发生，必须让人们清醒，让人们清楚他们花出去的金钱的价值何在，他们花钱买来的又有何价值。海湾地区会继续是一个重要地区，今天重要，十年以后依然重要。

问：殿下，世界经济危机会对您的国家有何影响？

答：今年初，经济形势开始好转。但不幸的是，全世界的财富都花在了火药上。如果全世界资源都用于消除饥饿，那么世界的情形就会和今天大不一样。

与其他国家的情况相比，我们的经济还不错。我们只需要以更好的方式使我们的公民做好应对新生活的准备，我们希望创造一个不同的社会，不同于那个令人眼花缭乱的混凝土大楼的社会。

问：殿下，据说联邦政府已经决定对联邦境内生产的石油征收每桶7美元的费用，用于联邦预算。您对此作何评论？

答：这个决定很好。联合酋长国作为一个联邦国家应该清楚收入的来源，并且做到支出有度。我不但不反对，事实上，我是支持这个决定的。

问：殿下，联邦目前处于健康状态吗？

答：不同意见有其存在的必要，为了改善联邦的状况，我们必须保持不同的意见的存在。如果我们对宪法有不同意见，这就意味着我们要讨论正确的意见应该是什么，要求解释清楚我们的不同点在哪里。这是再正常不过的事情。有分歧时，我们不必为此担心，因为这意味着我们正在为联邦打下一个基于共识的基础。工作停滞不前，危险就会增加，因为这意味着我们无所作为。所以，你可以认为联邦处于健康状态。

问：殿下，您每天的时间是如何安排的？

答：我习惯早起，然后直接去办公室。我和民众见面，听取他们表达不满和抱怨，也可以借此机会接近民众生活。作为酋长，我的工作就是让民众过轻松、安全的生活。走近民众使你有机会了解他们的诉求是否得到了满足。

通过和民众见面，我注意到民众的绝大数问题都是经济方面的，只要投诉者反映的问题细节真实，这类问题并不难解决。有些问题从产生的原因看，本该由投诉者自己解决。比如，一个男子想结婚，但他发现在贵得离谱的各种结婚费用之外，还需要一笔数目大得离谱的彩礼。再比如，有人想为自己修建一座超出正常需要的大房子，为了满足这种可有可无的需求，他向银行借贷。还有其他一些问题可以通过家庭解决，家庭是社会的基本单位。我们必须保证年轻一代成长所需要的环境，使他们适应未来的需要。

问：殿下，您为何要访问马斯喀特？

答：我这次对阿曼的访问是一次官方访问，我希望访问这个国家，这应该不会让人感到意外。我收到我的兄弟苏丹卡布斯的邀请，我们可以借此机会讨论地区局势。

访问阿曼

阿曼苏丹卡布斯·本·赛义德向我发出正式访问的邀请，1984年3月24日我踏上访问阿曼苏丹国的行程。访问持续数日。

我和代表团从沙迦机场出发飞往塞莱拉。阿曼苏丹顾问兼首府总督托艾尼·本·希哈布和几位阿曼高级官员到塞莱拉机场迎接我们一行。联合酋长国驻阿曼苏丹国代理大使伊斯梅尔·奥贝德也一同到机场迎接。

我和前来欢迎的各位要员一一握手，然后托艾尼·本·希哈布陪同我走上观礼台，乐队奏阿拉伯联合酋长国和阿曼苏丹国国歌，接着是检阅仪仗队。欢迎仪式后我前往希森宫，访问期间我下榻于此。接待工作由阿曼内务大臣巴德尔·本·沙特·哈里卜负责。

当天下午，我和随行的代表团在希森宫和苏丹卡布斯举行会谈，阿曼方面参加会谈的有阿曼苏丹顾问托艾尼·本·希哈布、数位大臣、还有多名高级官员。会谈进行了半个小时。当晚，苏丹卡布斯来到我下榻的希森宫看望我，并陪同我游览塞莱拉市的夜景。

3月25日上午，在托艾尼·本·希哈布的陪同下我前往阿曼南部山区参观。下午的时候，苏丹卡布斯再次来到我下榻的希森宫，这次是陪同我游览塞莱拉市白天的风光。

结束游览回到希森宫，我们来到俯瞰王宫花园的露台，观看传统舞蹈队的舞蹈表演，节目的灵感来自阿曼历史文化。舞蹈表演结束后，苏丹卡布斯设国宴招待我们一行。利用宴会开始前短暂时间，阿曼苏丹国负责外交事务的国务大臣优素福·阿拉维和我见面。

1984年3月26日午前时分，在托艾尼·本·希哈布的陪同下，我们从塞莱拉飞往首都马斯喀特。当天下午，阿曼民族传统与文化大臣费萨尔·本·阿里·费萨尔在我下榻的马斯喀特阿拉姆宫拜访了我。会见一结束，我就开始参观游览马斯喀特城和郊区。托艾尼·本·希哈布和负责接待工作的内务大臣巴德尔·本·沙特·哈里卜全程陪同。

我们游览的行程包括马斯喀特城区，马特拉市的卡布斯港，罗伊、卡尔姆、瓦提亚等地区，还有费赫勒、库维尔、加卜拉、奥代贝亚等几个港口。另外我还参观了赛义卜城区和这个地区的几个农场，在这里我看到了苏丹阿曼国城市建设和旅游业的快速发展。在赛义卜养马场，我参观了纯种阿拉伯马的展示和专为杂交马设计的赛马课程。那天下午我们还参观了卡布斯大学及所属学院，穆尔塔菲军营是我们参观行程的最后一站，然后我们返回马斯喀特的阿拉姆宫。

1984年3月27日上午，我的第一项活动安排是游览海拔6200英尺的绿山，托艾尼·本·希哈布和巴德尔·本·沙特·哈里卜仍然全程陪同。我们还游览了阿莱茵地区和贾布林城堡，这座城堡修建于17世纪亚里巴王朝时期，位于塔诺夫和尼兹瓦两个地区的接合部。游览结束后我们再次回到马斯喀特的下榻处。

当天晚上，联合酋长国驻阿曼代理大使伊斯梅尔·奥贝德·优素福在他位于库艾尔的家中设宴招待我和随行的代表团成员，阿曼方面出席宴会的有托艾尼·本·希哈布、负责财政与经济事务的副首相卡伊斯·阿卜杜勒·穆奈姆·扎瓦维、巴德尔·本·沙特·哈里卜、另外还有数位大臣和高级官员。巴林国的副新闻大臣兼奥委会主席谢赫伊萨·本·拉希德·哈利法当时正在阿曼，也出席了晚宴。

1984年3月28日上午，国宾级的欢送仪式后，我们从赛义卜机场飞回沙迦。

访问巴林

1985年2月25日上午，我启程对巴林国进行为期两天的官方访问。这次访问是应巴林埃米尔谢赫伊萨·本·萨勒曼·哈利法殿下对我的正式邀请。抵达巴林机场时，谢赫伊萨殿下亲自到飞机的舷梯旁迎接我。我和前来欢迎的巴林要员一一握手致意。在机场仪式大厅短暂停留之后，在谢赫伊萨的陪同下，我的迎宾车队驶向内阁大厦，我和谢赫伊萨殿下将在这里举行会谈。巴林方面参加会谈的有谢赫哈利法·本·萨勒曼·哈利法首相殿下，谢赫哈马德·本·伊萨·哈利法王储殿下，以及巴林陆军最高指挥官。

在会谈结束后的新闻发布会上，我表达了访问巴林和与谢赫伊萨殿下会谈的愉快心情。我说："我们今天的会谈强化了阿拉伯联合酋长国和巴林国之间兄弟般的关系，这次会谈是海湾地区持续的兄弟间会谈框架的一部分，旨在讨论影响地区局势的重要议题。"

当天下午，我参观了巴林阿拉伯船舶制造与修理公司，陪同我参观的是司法与伊斯兰事务大臣谢赫阿卜杜拉·本·哈立德·哈利法，他也是负责接待我的陪同团团长。我们参观了公司的培训中心，听取总经理关于公司成立以来运营情况的详细介绍，公司对海湾地区和其他阿拉伯国家的人员采取相应的培训政策，使他们有能力胜任公司的各种技术操作。我还翻阅了记录公司自奠基以来所取得成就的档案资料，了解到公司在大型船舶修理和维护方面取得的进步，以及对参与创建公司的各国员工的培训程序，这些员工分别来自阿拉伯联合酋长国、卡塔尔、沙特阿拉伯、科威特、伊拉克、利比亚等国。

我在留言簿上留言，表达了我对这家巨型企业的自豪和钦佩，它使国家的人才有机会在阿拉伯社会占据能发挥自身作用的位置，我同时也对巴林表示祝贺，这家企业表明了巴林经济规划的成功。接着，我参观了干船坞，听他们解释海水如何进入和排出船坞，以及巨轮的维修过程。

与陪同团团长一起，我参观的下一站是阿拉伯钢铁公司。工业与发展副大臣谢赫伊萨·本·阿卜杜拉·哈利法和部分董事会成员在公司总部迎接我们。在参观过程中，我们观看了工厂的三维立体模型，听公司的官员讲解工厂的运转程序和矿石经熔炉熔化，最后被炼成铁的过程，这家工厂的熔炉是世界上最大的炼铁炉之一。在工厂的装卸码头，我看到矿石在这里卸船，经过加工后重新装船向国外出口。我们还到了钢铁公司的主控制室，这里可以监控所有的生产环节，也可以探测到可能发生的故障。

1985年2月25日晚，巴林埃米尔谢赫伊萨殿下在利法赫宫设宴款待我和随行人员。巴林方面出席宴会的有，首相谢赫哈利法·本·萨勒曼·哈利法殿下、王储谢赫哈马德·本·伊萨·哈利法殿下、巴林陆军最高指挥官、以及数位大臣和高级官员。

1985年2月26日上午，我前往“人民传统中心”参观，同行的是陪同团团长谢赫阿卜杜拉·本·哈立德·哈利法。我们到达时，受到副新闻大臣谢赫伊萨·本·拉希德·哈利法和部分中心官员的欢迎。在参观过程中，我看到的展品有过去的也有现在的，包括捕鱼和潜水工具，还有记录国家大事和节日庆典的据有历史价值的照片，它们是过去和现代巴林的真实写照。展品中还有民族乐器和服装，讲解员详细介绍了婚礼和其他庆典仪式的风俗习惯。另外我还看到了我们的祖先使用过的古老的武器，还有他们过去治病的草药和其他的药物和器械。

参观结束时，我对传统中心举办的展览表示高度赞赏，认为这是为保存真实可考的民间传统迈出的积极的步伐。我对传统中心工作人员为收集文物展品所做的努力表示感谢，并祝愿他们的所有努力都取得成功。

离开传统中心，我们一行人前往巴林的模范城市伊萨城，游览了城市的各个街区。这座城市始建于1962年，巴林的埃米尔谢赫伊萨殿下执政的初期，1969年建成开放。城里建有有居住区、商业区、体育俱乐部、还有学校，公共设施和设备应有尽有，被认为是巴林的第三大城市。

我们的下一站是巴林的另一个模范城市哈马德。哈马德城的建设由埃米尔谢赫伊萨殿下赞助，1984年12月15日建成开放。城中建有中低收入人口的居住区，提供包括学校、医院、商场、体育场所、公园在内的各种公共服务。城市建设由公共工程部负责，建筑和住宅皆由当地工程师设计，巴林国内的一家公司负责施工。

参观完哈马德城，我和随行的代表团成员前往巴林-沙特堤道参观。堤道以巴林城中心为起点，延绵大约30公里。我们到达时，工业与发展副大臣谢赫伊萨·本·阿卜杜拉·哈利法和负责工程建设的公司的总经理已在那里迎候。当天晚上在巴林机场，埃米尔殿下为我举行了正式的告别仪式。巴林首相，谢赫哈利法·本·萨勒曼·哈利法殿下，谢赫哈马德·本·伊萨·哈利法王储殿下，巴林陆军最高指挥官，以及数名大臣、高级政府和军方高官到机场送行。仪式结束后，我返回沙迦。

第八章

海湾的阿拉伯海盗神话

在撰写题为《海湾的阿拉伯海盗神话》的论文期间，我还参与了若干重大活动。这篇论文是我向英国埃克塞特大学提交的历史学博士学位论文，本章的最后将会有所介绍。

第一届国家艺术节

1984年3月1日晚，我在沙迦为第一届国家艺术节揭幕。艺术节由沙迦文化与新闻部主办，持续至3月17日结束，被认为是联合酋长国最重要、最全面的文化盛事。艺术节在沙迦国际会展中心举办，包括以下展览：

雕塑展：联合酋长国雕塑协会第三次年展

摄影展：昨天与今天之间的联合酋长国

邮票展：邮票上的联合酋长国历史

我们的生活传统

漫画艺术展

儿童绘画展

艺术节期间的研讨会和讲座包括：

“政治漫画”讲座；纳吉·阿里主讲；3月4日（星期天）于阿拉伯俱乐部。

“阿拉伯雕塑艺术”研讨会；3月5日于会展中心；萨迪克·卡马什（突尼斯）、沙克尔·哈桑·赛义德（伊拉克）、以及穆罕默德·优素福和埃萨姆·沙利达（联合酋长国）等艺术家到会；优素福·艾达比博士主持。

“阿拉伯漫画艺术”研讨会；3月6日；纳吉·阿里、艾哈迈德·纳吉卜、贾拉勒·里法伊等艺术家参加；穆罕默德·阿克什主持。

“阿拉伯马格里布的雕塑艺术运动”讲座；萨迪克·卡马什（突尼斯）主讲；地点：3月7日于联合酋长国雕塑艺术协会。

“潜水技巧对石油时代的启示”讲座；阿卜杜勒·哈米德·鲁迈希主讲；3月7日沙迦工商会。

“儿童绘画”研讨会；纳瓦夫·法瓦兹博士、塔伊布·孜鲁克博士、哈姆达·哈米斯等参加；地点，会展中心；哈马德·苏韦迪主持。

讲座“海湾传统”；阿里·阿卜杜拉·哈利法主讲；3月11日于海洋俱乐部。

“阿拉伯诗歌的若干问题”研讨会；来访和本地诗人参加；3月13日于沙迦工商会；穆罕默德·阿卜杜拉主持。

“现实与理想中的地方戏剧：培养合格戏剧家最优

途径探究”研讨会；多名戏剧家参加；3月15日于沙迦国家剧院；优素福·艾达比博士、苏莱曼·贾西姆主持。

艺术节还举办了小型阿拉伯诗歌节，包括以下诗歌晚会：

诗人穆罕默德·马赫迪·贾瓦赫里专场；3月10日于非洲礼堂。

阿里·阿卜杜拉·哈利法、阿卜杜拉·苏拜罕、艾哈迈德·阿明·迈达尼、阿里夫·哈贾、和艾哈迈德·拉希德·萨尼等五位诗人的联合诗歌晚会；3月12日于沙迦工商会。

阿卜杜勒·拉赫曼·拉菲、穆罕默德·阿卜杜·加尼姆博士、哈姆达·哈米斯、法特希·卡瓦姆拉、萨利姆·扎马尔、和奥马尔·阿布·萨利姆等六位诗人联合诗歌晚会；3月14日于阿拉伯俱乐部。

拉希德·本·塔纳夫、萨勒姆·贾姆里、穆罕默德·卡乌斯、拉比·本·雅库特、拉希德·本·马克图姆等五位诗人的联合诗歌晚会；3月15日于海洋俱乐部。

阿卜杜拉·哈里里、阿里夫·谢赫、扎因·阿巴斯·埃马拉博士、穆罕默德·哈利法·本·哈德尔、苏尔坦·哈卜图尔、侯赛因·海德尔等六位诗人联合诗歌晚会；3月17日于非洲礼堂。

索阿德·萨巴赫博士、阿米纳·阿卜杜勒-阿齐兹、哈拉·哈密德·马图克、卢阿·萨利姆、萨拉·哈里卜、莫纳·赛义夫等六位诗人联合诗歌晚会；3月18日于公园俱乐部。

联合酋长国纳巴迪诗歌先锋诗人庆祝晚会，宣布诗歌比赛结果并颁奖。

除了沙迦酋长国民间艺术团体举办的各种展览，艺术节期间，3月2日和9日，在沙迦的哈立德湖还举行了小型划船比赛。3月5日和12日，军乐队和警察乐队、霍尔法坎和卡尔巴表演团体，还有沙迦民间艺术团在会展中心剧场举办音乐会。沙迦艺术节结束后，3月22日至27日，部分展览转到霍尔法坎继续展出。

沙迦戏剧节

1984年3月20日至26日，为推动联合酋长国戏剧艺术的发展，由本地戏剧表演团体参加的沙迦戏剧节在哈立德剧场和非洲礼堂举行。3月27日，沙迦文化部与联合酋长国新闻与文化部戏剧处在非洲礼堂联合共同庆祝“国际戏剧日”举办，当地戏剧界的一位杰出人士受到表彰。

1984年3月20日晚，沙迦文化部部长，谢赫艾哈迈德·本·穆罕默德·卡西米在非洲礼堂宣布沙迦戏剧节第一阶段开幕。

沙迦戏剧节第一阶段的内容是庆祝“国际戏剧日”。戏剧节计划周密，精彩纷呈，来自各酋长国的演出团体上演了十个剧目，吸引了大批观众。

在“国际戏剧日”的国家庆典上，当地的一个先进戏剧表演团体受到奖赏。1984年3月28日，第一届国家艺术节闭幕典礼在沙迦大陆酒店举行，竞赛获奖者、参加艺术节的个人和团体被授予奖品、奖章和奖状，表彰他们为艺术节的组织和筹划所做的贡献。当地报纸和海湾地区的媒体希望这次艺术节能够成为一个前所未有的新起点的标志，标志着文化、艺术和文学活动进入全体公民的生活。

第三届沙迦书展

1984年10月8日，我宣布第三届沙迦书展开幕。书展由文化与新闻部主办，持续至10月19日结束。五个展厅分别展出阿拉伯书籍、外国书籍、儿童图书，以及沙迦公民和在沙迦的阿拉伯居民出版的书籍。参加书展的出版社多达254家，展出图书3万种。149家阿拉伯出版社通过12家本地书店参展，外国出版社105家，巴勒斯坦出版社10家，联合国儿童基金会和联合酋长国作家协会也参加了书展。

第一届雕塑艺术展与书展同时举办，超过45名雕塑艺术家的140件作品参展。

书展开幕那天，参观了全部展厅之后，我在开幕式致辞，再次表达了对沙迦文化事业的信心，深信沙迦在下一阶段将见证文化事业的巨大发展。我告诉大家，次年三月沙迦文化中心将建成开放，届时将组织大型文艺活动；在沙迦的居住区，儿童图书馆也将建成开放，父母们的生活将更轻松，孩子们随时都有书可读。我还强调了通过组织各类文化活动，把文化带入千家万户的重要性，沙迦文化部也将通过活动的组织，鼓励广大的个人和家庭成为积极的参与者。我对众人说，书展办得很好，因为它带来了丰富多样的、阿拉伯民众感兴趣的文化产品，尤其是那些和伊斯兰文化有关，以及科学知识方面的书籍；因此我希望书展能以年展的形式持续举办，吸引来自所有阿拉伯国家的更多的出版社，以及阿拉伯学者和作家参与。最后我强调，书展作为一项文化工程发挥着重要的辐射作用。埃及著名小说家优素福·伊德里斯博士也出席了书展的开幕式。

海湾地区第二次人力资源管理大会

1984年11月12日，海湾地区第二次人力资源管理大会在沙迦召开。11月15日，星期四，大会闭幕时，代表们提出建议，主张在海湾国家实行劳动力资源国有化的同时，尽可能保持生产力水平的一致。代表们还建议制定一项全面计划，将合格的大专院校学毕业生吸引到合适的专业岗位，满足海湾国家当前和未来的需要。

大会还强调工作、创造力和自我发展的重要性，要把它们看作根除麻木不仁和不负责任等旧文化的手段；同时，也要把它们看作一个目标，要通过海湾国家的学校课程的设计和开发实现这个目标，尤其是在学校教育的早期阶段。

大会还强调在健康社会建设、个人发展、以及提供合格劳动力等方面，海湾地区家庭的重要作用。大会还认为，要重视和加强各层次教育机构，尤其是大学，与海湾国家其他部门的联系，这样做的目的是协调本地教育体系与海湾地区工业与技术发展的关系，使学校教育适应地区发展的要求。

大会建议，在海湾地区的所有机构和部门，只要不会降低工作效率，或影响工作的顺利进行，就应该最大限度地使用阿拉伯语。在人力资源发展领域，那些能力突出、适合做决定的人应该予以录用。私营部门应该对国家劳动力资源的发展有所贡献，承担起这方面的社会责任。在不同领域从事人力资源发展的各个机构应该通过定期会议的方式，联合计划、交换意见、分享经验，从而协调工作，形成合力。

大会呼吁立即出台条例和法规，按照有条理、有章法的制度，规范和组织人力资源的培训和提升。

大会还强调有必要减少外国人和非穆斯林劳动力的雇佣数量，尤其那些与教育和个人发展有关的部门。而且，在制定和执行人力资源发展计划时，要把社会的文化与价值观念纳入考虑问题的范围。同时，在人力资源培训与发展机构，既要用好外国专家，又要用好已有的经验。

大会还提出，必须跟上世界技术进步的步伐，但在方法上不能违背本地的实情和我们的现实需求，各生产和工作领域需要的技术必须首先完全学会并优先发展。代表们还建议，我们必须加强文化资源建设，发展为全民提供服务的信息中心，并重新检视海湾地区国家的各种行政架构，以及这些架构的管理理念；此外，我们还必须吸引海湾地区的人才，依靠人才促进发展。

1984年11月15日，星期四。这天上午的大会议程是海湾合作委员会秘书处秘书长助理阿卜杜拉·易卜拉辛·卡伊兹所做的讲座，题目是“海湾合作委员会的发展目标与人力资源：难以相等的等式中的实情与海湾合作委员会的作用”。讲座由海湾合作委员会秘书处人力资源部主任穆罕默德·哈马丹代表卡伊兹博士发言，内容涉及发展目标、人口统计、阿拉伯劳动力现状、整个海湾地区人力资源发展状况、以及海湾合作委员会为改善现状发挥的作用。

讲座提及这样一个事实，即，委员会成员国本国劳动力占劳动力总数的50%左右，这一比例在某些国家低到10%。讲座还提醒人们注意，绝大多数本国劳动力主要集中在政府机构，尤其是行政和管理部门，并且指出政府雇员超量、雇员能力和效率低下、女性劳动力数量下降等现象的存在。讲座还提到，海湾合作委员会充分认识到发展本国劳动力资源的重要性，所有层级的决定都是这一认识的体现，所有这些决定都产生于一个深入人心的信念，那就是，人的因素是真正可持续发展的唯一保证。

那天上午稍晚的时候，我会见了海湾人力资源管理研究院和人力资源管理大会的代表。他们向我介绍大会讨论的各项议题，大会各议程审查和评议的研究和调查项目，以及大会最终形成的意见和建议。他们还通知我，鉴于我在人力资源发展领域所做的贡献，海湾研究院人力资源管理委员会决定向我颁发“1984年度阿拉伯海湾地区人力资源发展领导奖”。

海湾研究院代表团还对我赞助这次大会表示感谢，由于我提供了所需的物力和财力，大会才得以在沙迦举行。作为回应，我向代表团表达我对海湾研究院未来计划的全力支持，并希望他们未来将集中精力于各领域人员的个性发展，教学活动的组织方式，以及针对各层次和年龄段、旨在提高总体技能的培训课程和专业研讨。我还强调了注重社区中个人发展的重要性，要从儿童抓起，直至他们大学毕业，走上工作岗位。

这次会见还做出一项决定，沙迦将成为海湾人力资源管理研究院的永久所在地。我表示，为了研究院能够完成使命、实现目标，我愿意提供所需要的全部设施和条件。

世界民用机场联合会大会

1984年11月18日，我宣布世界民用机场联合会大会开幕。这次大会由联合会与沙迦民用航空局合作举办。

来自全球超过200家民用机场的大约400名代表参加了为期6天的大会各项议程，来自民用航空各部门的专家和专业技术人员也参加了大会。大会的目的是通过专题讨论的形式，听取与会专家介绍他们的工作经验和专业知识，世界各地的民用航空官员也将由此了解机场管理领域的最新方法和装备。

大会的主题是机场与用户的关系，机场用户包括乘客、海关官员、航空公司所属人员等。

大会期间，沙迦民用航空局邀请阿拉伯地区机场的代表召开了一次特别会议，讨论在阿拉伯地区成立世界民用机场联合会分支机构的可能性，该分支机构将包括阿拉伯地区的所有机场。

大会决定，在联合会认定的英语、法语、西班牙语三种语言之外，阿拉伯语将成为世界民用机场联合会大会的官方用语。大会期间还举办最新民用航空设备与工具展，来自全球各地的专业公司参展。

我在大会的开幕式上发表演说。我首先对与会代表表示欢迎和问候，然后我说："在过去的四分之一世纪，人们拉近相互距离、彼此往来的愿望促进了越来越多的机场的出现，以及机场服务的提升。对于所有的渴望拓展商贸、经济、及旅游联系的国家，机场已成为不可或缺的基础设施。"

在演讲的最后，我预祝大会取得成功，并希望大会实现所有预定目标。

联合酋长国交通部长穆罕默德·赛义德·穆拉也在开幕式上发言，他表示联合酋长国对大会各项议程抱有浓厚的兴趣，在受益于该领域全球技术进步的同时，积极致力于本国的交通与通讯设施的发展。

第五届阿拉伯合作社论坛

1985年2月17日，第五届阿拉伯合作社论坛开幕式在沙迦大陆酒店举行，联合酋长国的数名部长和外交使团的负责人参加论坛。我委派沙迦艾米瑞办公室主任谢赫费萨尔·本·哈立德·卡西米代表我出席论坛。开幕式上，谢赫费萨尔代我宣读了演讲稿：

> 我们今天在这里，在你们的第二故乡，阿拉伯联合酋长国，举行第五届阿拉伯合作社论坛开幕式。阿拉伯联合酋长国张开双臂，欢迎一切以阿拉伯民族的繁荣为目标的建设性努力。我祝愿你们在联合酋长国度过愉快、有收获的会期，并成功地为阿拉伯世界制定出合作社工作目标。我预祝你们的建设性的对话将为阿拉伯合作社运动带来光明的前景，全体阿拉伯民族都将受益于这一运动。

联合酋长国劳工与社会事务部部长哈勒凡·鲁米在开幕式上发言说：“这次大会得到了谢赫苏尔坦·本·穆罕默德·卡西米殿下的赞助，这是对寻求合作共赢的人们的最高奖赏，也是对这个国家的合作社运动的重要贡献。”谈到国内的合作社运动时，鲁米继续说：“合作社运动进步巨大，在不到十年的短时间内取得非凡成功。成绩归功于那些真诚奉献的、具有民族主义精神的骨干队伍，归功于政府和官员的支持与鼓励，正是因为如此，才涌现出遍布全国、众多的合作互助社团体和组织。”鲁米还表示，由联合酋长国代管消费者合作联合会是一次重大进步，无论对发展阿拉伯国家之间的合作，还是联合酋长国内部的合作，都是一种巨大支持。

消费者合作联合会主席苏莱曼·穆萨·贾西姆后来也在开幕式上发言，强调了合作社运动的重要性和它对经济的显著贡献。他还指出，由劳工与社会事务部牵头，政府将尝试对合作联合会的会员团体降低价格、改进服务，国家和民众势必会从中受益，家庭收入也会随之提高。

阿拉伯合作联合会秘书长卡伊斯·阿卜杜勒·贾巴尔·沙利达在发言中简要介绍了联合会秘书处和阿拉伯合作研究院的工作计划，强调政府支持阿拉伯合作社活动的重要性。政府的支持将使各合作社发挥最佳作用，特别是在与其他组织、联合会、及会员协调工作方面。

他还指出联合会开展活动所面临的各种障碍，认为资金是合作社工作最重要的基础，但资金问题去没有得到充分的考虑。他说，联合会已为阿拉伯合作社的工作制定了一项雄心勃勃的计划，但只有获得所需的资金和实物支持，计划才有可能实施。

第一届儿童文化节

举办此类文化节的动议前所未有。1985年2月9日晚，在“儿童第一”的口号下，我宣布第一届儿童文化节开幕。文化节由沙迦文化部主办，为期一周。我在开幕式上发表演讲，呼吁齐心协力，助力人的发展，因为人的发展将回赠我们以文化的进步。我们应该在理性思考的基础设上设计出新方法，推动社会变化，为民众创造更美好的未来。我还说：

> 儿童是未来的公民和领袖，他，或者她是我们拥有的最宝贵的财富。任何一个希望迈向繁荣富强的社会，都应该关注儿童，都应该在制定规划时把儿童放在首位，放在最优先的位置。我们一直希望建成儿童文化中心，里面有各类专业知识的图书馆，有各种画室，启发儿童的天资，培养儿童爱好，增进儿童的潜力。这些都是我们的责任，是我们要对历史负的责任，我们必须牢记在心。

同天晚上，在沙迦的女童公园俱乐部，谢哈贾瓦赫·宾特·穆罕默德·卡西米女殿下宣布儿童书展与艺术展开幕。

也是在同一天晚上，沙迦文化与新闻部组织了盛大的嘉年华游行，孩子们上街巡游，儿童剧《幸运鸟》在沙迦国家剧院演出。

1985年2月19日，沙迦文化部长谢赫艾哈迈德·本·穆罕默德·卡西米宣布塔拉和里法两个专业儿童图书馆正式开放，每个图书馆各有儿童读物三百种。

沙迦戏剧节（第二阶段）

1985年3月28日晚，沙迦戏剧节（第二阶段）开幕，持续至4月4日。其间，沙迦的十个剧社上演了十个剧目。受沙迦文化部之邀参加此次戏剧盛会的有：卡西姆·穆罕默德（伊拉克）、萨阿杜拉·瓦努斯（叙利亚）、孟西夫·斯韦西（突尼斯）、以及穆罕默德·阿里·胡扎伊博士（巴林）。

沙迦戏剧节期间还举办了联合酋长国戏剧文化研讨会，研讨的题目是“本地戏剧经验与1960年至1985年的发展视野”。研讨会分为六个讨论组就戏剧问题开展研讨。戏剧节期间还举办了戏剧影像与文献展，沙迦的剧团和剧社也有多场演出。

3月27日，沙迦举行国际戏剧日庆典，倡导对戏剧的重视与热爱，多人在大会上发言。

在戏剧节第二阶段开始前的3月20日，沙迦邀请巡演的伦敦莎士比亚剧团在非洲礼堂演出莎士比亚名剧《麦克白》，大批观众到场观看，并对演出给与高度称赞。

第二届国家艺术节

继第一届成功举办后，时隔一年，第二届国家艺术节如期而至。1985年3月28日晚，在沙迦国际会展中心，沙迦艾米瑞办公室主任，谢赫费萨尔·本·哈立德·本·苏尔坦·卡西米代表我宣布国家展开幕。国家展由沙迦文化部主办，是沙迦第二届国家艺术节的一部分。来自巴林的谢赫伊萨·本·拉希德·哈利法参加了开幕式，因为巴林艺术家为年展贡献了一个雕塑艺术展， 22位艺术家创作的73件作品参展，包括绘画和雕塑。这次国家展还包括联合酋长国雕塑艺术协会的第四次年展，展出45位艺术家的150件绘画和雕塑作品。

沙迦文化中心

1985年3月底，文化中心所需的书籍、仪器、设备已经配置到位，这时我做出指示，要求沙迦文化中心等到5月份再开展活动。这样做的目的是为了扩大中心的活动范围，加强与其他社团、俱乐部、以及文化、艺术、戏剧组织的联系，以确保所有这些团体联合起来开展活动。

文化中心设施齐全，拥有一个中心图书馆、一个文献中心、若干文化艺术展示厅，此外还有一个八百座的礼堂、一个报告厅、以及几间小型专用活动室。在中心的外面有几个户外活动场。

关于文化中心的建成，沙迦文化部长谢赫艾哈迈德·本·穆罕默德·卡西米一直称赞我在其中发挥的作用。我始终支持沙迦文化部的工作，提供他们需要的一切条件。谢赫艾哈迈德说，是我不仅让文化中心体现新的理念，而且还想方设法保持纯正的阿拉伯和穆斯林文化，这种文化既有志于先进与进步，又与历史和传统紧密相连。

第四届沙迦书展

1985年11月5日晚，我在会展中心宣布第四届沙迦书展开幕。本届书展由沙迦文化部与18个阿拉伯和其他国家的182家出版社联合举办，展出的图书超过1万6千种。参观完阿拉伯、外国和本地的展厅，我又来到联合酋长国雕塑艺术协会的阿拉伯书法展厅参观。结束参观时，我发表演讲，呼吁参加书展的阿拉伯出版社不仅要多出版那些有助于阿拉伯民众获取知识和信息的书，还有那些促进阿拉伯民众在充满挑战的年代建设国家的书籍。我对儿童读物的出版尤为关注，因为它们对培养未来的好公民极其重要。

书展期间，第三家儿童图书馆在沙迦的胡扎米亚地区建成开放。这个图书馆是沙迦文化普及计划的一部分，旨在让所有的阿拉伯公民，尤其是儿童拥有获取文化知识的途径，因为我们必须要像爱护自己的眼睛一样爱护我们的孩子。

其他接待活动

1985年1月21日，我接待了来访的比利时王储，阿尔伯特王子殿下，他当时正率领代表团在联合酋长国访问。王储殿下授予我西班牙的最高荣誉勋章——“大绶带级利奥波德民事勋章”。在授勋仪式上我向王储回赠了纪念品，然后设午宴款待王储殿下和他的随行人员。

1985年6月2日，我接待了来访的中华人民共和国总理赵紫阳，他当时正在前往英国、德国、荷兰访问的途中，在沙迦机场停留两小时。中国总理转达了中国国家主席对总统谢赫扎耶德·本·苏尔坦·阿勒纳哈扬殿下，以及副总统谢赫拉希德·本·赛义德·马克图姆殿下的问候和良好祝愿。我对中国总理表示感谢，他还表达了发展两国双边关系的愿望。我陪同中国客人参观了萨加油气田和天然气处理工程，还陪同他们游览了沙迦城，中国客人领略到了沙迦最重要的旅游名胜和近几年城市建设的快速发展。中国总理还参观了沙迦国际机场的各个部门，离开沙迦前，他对沙迦的成就表示钦佩，并希望沙迦酋长国继续发展，走向全面繁荣。

我还同中国总理就加强两国经贸关系、项目的共同开发、以及两国间的商务人员往来等问题进行了讨论。中国总理邀请阿拉伯联合酋长国的经济专家访问中国，就两国合作开发项目的可能性做调查研究。他表示中国的开放政策并非局限于西方国家，也包括新兴经济体，尤其是海湾阿拉伯国家。

巡视

1985年4月22日，我开始对沙迦酋长国附属岛屿的巡视。我视察了建设中的由沙迦政府出资的渔港，渔港位于萨巴尼亚岛的沙拉拉地区，有一条350米长、250米宽的码头。码头水深3米，全部造价800万迪拉姆，大约50名工程师、技术人员和工人参与施工。我在岛上还视察了修建渔港过程中偶然发现的一个考古遗址，工作人员向我展示了挖掘出的文物，其中有一些陶器的碎片。

1985年4月27日，我视察沙迦司法部。到达那里时，迎接我的是司法部长谢赫哈马德·本·马吉德·卡西米、公共检察官哈菲兹·塔赫布先生、还有穆罕默德·本·祖玛·穆塔瓦先生和数名法官。视察司法部期间，我和各部门的负责官员和法官举行座谈，听他们介绍阻碍所在部门工作的严重问题，有些问题已经导致多个案件的延期判决。

我督促法官和检察官要迅速处理久拖未决案件，不要受法庭和诉讼环节常有的官僚程序的影响。为了解决问题，我向民事法庭的法官签发命令，要求他们对民事案件尽快判决，杜绝不必要的拖延。同时，我对法官快速核查证据文件的做法表示赞同，法官可依据这些文件快速做出判决。我还同意大幅增加雇员数量，扩大司法部各部门的规模，以确保司法公正和案件的及时处理。另外，我原则上同意修建可容纳所有下设部门的司法部新大楼，新大楼还将包括上诉庭、公诉庭，以及民事庭、伊斯兰教法庭各两个。

海湾的阿拉伯海盗神话

1983年4月5日，我接见了一个大学教授和学者代表团，他们来自德意志联邦共和国。受外交部的邀请，代表团当时正在联合酋长国访问。会谈时我对德国代表团谈到了联合酋长国的历史，以及卡瓦西姆部落如何抗击英国人的进攻直至战败，最终被迫接受英国人在卡瓦西姆部落领地上的存在。但是英国人并没有就此罢休，他们进而丑化卡瓦西姆部落的抗争，将其描写成海盗，从而为自己的占领行为正名。英国人占领这一地区长达150年，切断卡瓦西姆部落与所在地区其他国家的联系，阻止这一地区的民间往来和国家间的交往。

在德国代表团之后，我又接待了由副校长哈里·凯伊博士率领的英国埃克塞特大学代表团。陪同哈里·凯伊博士来访的是穆罕默德·阿卜杜勒·哈伊·沙班博士，他是埃克塞特大学阿拉伯与穆斯林研究系主任，同时还兼任阿拉伯海湾研究中心主任。埃克塞特大学代表团到访联合酋长国，是为了专程向谢赫拉希德·本·赛义德·马克图姆殿下致谢，感谢他为该校修建图书馆捐款70万英镑。

在我们谈到埃克塞特大学阿拉伯海湾研究中心的时候，我向代表团透露了一个想法，提议该中心接受由我们提供的历史文件，而非来自英国官方的文件。这时，我发现自己不由自主地重复起不久前对德国代表团说的那些话。英国代表团的人说："如果您握有挑战英国主张的史料，那就拿出来让大家看看吧!"

我回答说："我非常愿意这么做，那就让我以论文的形式提交给贵校吧。"埃克塞特大学的副校长对我的提议表示赞同，但最终要经学校的一个专家委员会同意。

于是我向埃克塞特大学提交了所需的文件。1983年4月27日，我收到埃克塞特大学的回复，同意我攻读该校历史学博士学位的申请，阿拉伯与伊斯兰研究系主任沙班教授被指定为我的论文指导老师。

在我先前收集的资料的基础上，我前往印度办事处图书馆收集海湾地区的历史资料，开始了系统的研究工作，但在这个图书馆收集资料的进展慢得出奇。有一天，我查到一份文件，只用一个小时就读完；我要查另一份的时候，他们却让我第二天再来。在我的桌边还坐着一位上了年纪的印度妇女，我不太清楚她在做什么研究，便向她打听图书馆的情况。得知我的研究内容后，她告诉我孟买档案馆保存有和这家图书馆一样的资料，并建议我去那里。

我和孟买档案馆馆长S.D.卡尔尼克博士取得了联系，并且把去孟买的时间定在1984年3月15日。那天在孟买档案馆，我查到了与我的研究有关的绝大多数文献，并随即做了影印。我是从一本著作的参考文献索引获知这些文献的。在档案馆我还检索到未被列入索引的几篇关于海湾地区海盗的论文，数量超过3000页。这些资料是1819年英国人攻打卡瓦西姆部落前，由孟买英国当局的一等秘书所收集。

1984年2月，在去孟买之前，我到过海牙的国家总档案馆，并在那里遇见馆长本·斯罗特博士。在海牙，我查到大量关于海湾地区贸易的珍贵报告，时间跨度为1630年至1760年。当时荷兰的东印度公司在海湾的入口处设有办事机构。

另外我还有一个令人惊喜的意外收获。在伦敦的一家古旧书店的一堆箱子，我找到了一大箱原始文献，其中包括：

约翰·马尔科姆1800年起草的在海湾建立英国军事基地计划的手稿；

大卫·塞顿日记，以及签订于1806年的与卡瓦西姆部落的第一份协议；

这一时期以来各类阿拉伯文和英文信件；

温莱特船长的文件，此人是1809年英军攻打哈伊马角战役的指挥官；

汤普森船长的文件，此人是1820年英军攻打哈伊马角战役的指挥官之一，并兼任翻译。英国人占领哈伊马角后，此人担任英军副总司令。文件包括海湾沿岸的多位谢赫与英国政府之间所签协议的文稿。

我向审查委员会提交的论文系统地展示了有据可查的证据，证明荷兰东印度公司与卡瓦西姆部落和海湾地区阿拉伯部落之间的冲突，从根本上说是利益的冲突。这一冲突从18世纪一直延续至19世纪初，而英国政府是东印度公司的幕后支持者。东印度公司希望在保护自身利益的同时，清除外部和内部的所有竞争对手。他们先是中伤卡瓦西姆部落，诬蔑他们是海盗，继而籍此借口，接二连三地对其部落领地发起军事进攻，以实现其军事控制该地区的企图。

我在埃克塞特大学参加我的历史学博士学位论文答辩时，伦敦大学东方与非洲研究学院的大卫·考恩担任校外评委，校内评委是沙班教授和J.R.斯马特先生。经过整整三个小时的深入讨论和争论，答辩委员会决定以全优的成绩授予我埃克塞特大学历史学博士学位。委员会还对我为收集、整理、综合大量首次公开的历史文献所做的努力表示钦佩。

答辩委员会宣布完结果，我径直走到我的妻子谢哈贾瓦赫·宾特·穆罕默德·卡西米就座的位置，送给她一本我的论文，里面有专门对她的致谢：

我要感谢我亲爱的妻子谢哈贾瓦赫·宾特·穆罕默德·卡西米，在论文的研究和撰写过程中，她是自始至终的坚定的支持者。她对知识和科学深怀敬仰之心，因为她的支持和理解，我才有可能把本该用于陪伴她和孩子的时间用于研究和写作。

我专心于研究和写作，经常连续工作数小时，有时甚至要不停地工作九个小时。我的妻子就在我隔壁的房间，可她从未打搅过我的思路。每当我结束手头的工作，她总会微笑着出现我面前，送上一句安慰和鼓励："愿真主赐予你力量和健康"。

每当我因为发现新的史料或者一条新的信息而倍感欣喜，她总是感同身受。这场追溯百年历史的旅行，妻子是我的旅伴，我们对领袖的爱戴和对敌酋的憎恶总是不约而同。对帝国主义玩弄的把戏，我们的嘲笑也是异口同声。

谢谢你，贾瓦赫！我全部的爱、所有的感激都是为你！

你的忠实的丈夫

苏尔坦·本·穆罕默德·卡西米

第九章

到访百万烈士之国

访问阿尔及利亚

1986年1月29日，阿尔及利亚共和国驻联合酋长国大使哈希米·卡杜里来沙迦看我。我们谈到艾哈迈德·本·贝拉[1]1982年1月2日访问沙迦的事，当时贝拉刚刚获释出狱。卡杜里大使告诉我，由于本·贝拉受到的超乎寻常的热烈欢迎，还有霍尔法坎为他举行的民众集会，他的访问引起阿尔及利亚共和国总统沙兹利·本·贾迪德的不满，但同时也促使本·贝拉和支持者后来在阿尔及利亚国内开展更多的反政府活动。

我告诉阿尔及利亚大使，沙迦给予本·贝拉礼遇，是因为他是阿尔及利亚独立后的首任总统，更何况本·贝拉的上次访问已经是四年前的事情。

1986年2月22日，阿尔及利亚外交部长艾哈迈德·塔利布·易卜拉希米率领代表团访问沙迦，作为本地区多国访问行程

1　阿尔及利亚政治家，1963年9月当选为阿尔及利亚的首任总统。1965年6月被军事政变推翻，遭软禁至1979年，获释后流亡海外。被喻为阿尔及利亚的国父。

的一部分，他当时正在联合酋长国访问。会谈中，我提到卡杜里大使之前说过的有关艾哈迈德·本·贝拉先生访问沙迦的事。外交部长说我应该访问一次阿尔及利亚，同沙兹利·本·贾迪德总统见面。我告诉他，我并不反对这么做。

1986年3月5日，我会见来访的阿尔及利亚大使哈希米·卡杜里，他向我转交了沙兹利·本·贾迪德总统的书面邀请。出访的时间定在1986年3月15日，为期数天。卡杜里大使让我看了访问的安排和详细计划，我表示同意。

3月15日上午，我和随行的代表团离开沙迦机场，开始了对阿尔及利亚的官方访问。代表团成员包括：沙迦国务部长兼石油矿产部长，谢赫艾哈迈德·本·苏尔坦·卡西米殿下；沙迦酋长殿下公室主任谢赫费萨尔·本·哈立德·本·穆罕默德·卡西米；沙迦艾米瑞办公室主任，谢赫费萨尔·本·哈立德·本·苏尔坦·卡西米；劳工与社会事务部长，哈勒凡·鲁米；塔里亚姆·本·伊姆兰·本·塔里亚姆；沙迦艾米瑞办公室顾问阿卜杜勒·拉赫曼·加尔万；沙迦礼宾办公室主任苏尔坦·本·哈马德·苏韦迪；以及警卫阿里·本·阿卜杜拉·穆哈扬上校。

我们的飞机于当晚降落在阿尔及尔机场，阿尔及利亚总理阿卜杜勒·哈米德·易卜拉希米带领众官员到机场迎接。检阅了列队站立的仪仗队之后，我和前来迎接的阿方人员一一握手，他们是阿尔及利亚政府部长和官员，联合酋长国驻阿大使穆罕默德·易卜拉辛·朱艾德和部分使馆人员也到机场迎接。

我对一群涌向我的记者发表了一份声明：“来到这个牺牲与殉道的国度，曾经出现过百万烈士的国度，我们感到非常自豪。那一次革命将我们的目光引向未来，促使我们用同样的方法实现阿拉伯民族的愿望。”

接着，我们从机场直接前往阿尔及尔的下榻处，沙兹利·本·贾迪德总统当晚便来看望，并设宴招待我和随行的代表团成员。

1986年3月16日上午，阿尔及利亚总统在他的办公室会见了我，我们进行了将近一个小时的私下会谈。其间我对总统提到，下令释放他的前任，是对艾哈迈德·本·贝拉的尊重，同时也是对阿尔及利亚及其人民的尊重。私下会谈结束后，国务部长兼石油矿产部长谢赫艾哈迈德·本·苏尔坦·卡西米殿下、塔里亚姆·本·伊姆兰·本·塔里亚姆、劳工与社会事务部长哈勒凡·鲁米、沙迦艾米瑞办公室顾问阿卜杜勒·拉赫曼·加尔万、以及穆罕默德·易卜拉辛·朱艾德大使也加入会谈。

阿尔及利亚方面参加会谈的有外交部长艾哈迈德·塔利布·易卜拉希米博士，总统办公室主任阿拉比·布·哈伊尔，灌溉、环境与森林部长穆罕默德·鲁艾基，以及哈希米·卡杜里大使。

会谈结束后，在灌溉、环境与森林部长穆罕默德·鲁艾基的陪同下，我拜谒无名烈士纪念碑，并敬献花环。鲁艾基是负责接待的阿方陪同团团长。

然后，我们来到离纪念碑不远的吉哈德博物馆，在那里，我对反抗法国殖民统治的阿尔及利亚革命有了深入的了解。博物馆官员向我们详细介绍了法国入侵之前和入侵期间阿尔及利亚的历史，法国准备入侵阿尔及利亚的秘密报告，以及法国国防部长在阿尔及利亚战争期间的报告。

博物馆还收藏有关于法国占领阿尔及尔的各种文件，记录阿卜杜勒·卡迪尔王子抗法斗争的图片和绘画，还有王子在抗法斗争中使用过的武器。博物馆还有关于艾哈迈德·贝伊领导的抵抗运动展示，以及1937年君士坦丁城全貌的图片。另外我还看到详细介绍1920至1945年解放战争准备情况的文件，以及早期革命者和民族解放军部队制造的地雷模型。

这一节参观行程的最后一站是塔拉霍姆公墓。我在留言簿上留言，高度赞扬阿尔及利亚革命。我写道，阿尔及利亚人民的英雄历史体现了最为崇高的牺牲精神，为拯救全体阿拉伯民族，我们必须以这种精神为榜样；烈士们为了阿尔及利亚的自由和独立献出了生命，他们的在天之灵依然在佑护着他们为之牺牲的这个国家。

接着我们前往位于利雅得·法塔赫的商贸中心，那里有手工制品、传统艺术品市场，还有一个露天剧场。

当晚，我在阿尔及尔的文化宫发表演讲。除了我的代表团成员，出席演讲会的还有外交部长艾哈迈德·塔利布·易卜拉希米博士，阿方陪同团团长，灌溉、环境与森林部长穆罕默德·鲁艾基，以及阿政府的几名部长和阿尔及利亚中央委员会成员。我演讲的题目是《阿尔及利亚革命的胜利》：

我亲爱的兄弟们，你们是伟大的阿拉伯世界中这个可爱国家的子孙，愿真主保佑你们平安。

首先，请允许我表达我的民族自豪感，这种自豪源自阿拉伯民族在当代最伟大的成就，百万烈士用生命换来的革命的胜利，伟大的阿尔及利亚革命的胜利。我收到访问你们国家的盛情邀请时，内心深处的情感与思绪令我不能自持。我想到了历史与未来，我们从历史汲取的经验和教训与我们的未来密不可分。

我们年轻时就曾经被同样的情感所打动，促使我们追随英勇的阿尔及利亚人民的斗争事业。那时候，阿尔及利亚人民正在为自由和独立与殖民政权拼死斗争，因为殖民者绝不会自己滚出阿尔及利亚。

如今，每当我们追忆阿尔及利亚革命，每当我们同阿拉伯民族面临的严峻形势作斗争，同样的思绪会涌上我们的心头。今天，作为掌握国家和民族民运的个人，我们经常会问自己：我们如何才能战胜阿拉伯民族生死存亡的危机？我们从哪里才能找到救世良策？下面这句话明白无误地道出问题的答案：如果我们的民族没有悠久且令人敬仰的传统，没有上溯千年的文化，我们就不可能在我们的可爱的国家，在阿尔及利亚，驱除长达一百三十年的殖民统治，我们今天也就不可能坚定地应对已经存在数世纪的困难与挑战。这些困难与挑战将一个面目狰狞的世界强加于我们，一个满是分裂、落后、积贫积弱的世界，一个使我们失去自由和行动力量的世界。

是的，我亲爱的兄弟们，如果阿拉伯民族没有自身的文化传统，我们就会是一堆被风吹来刮去的沙粒，我们甚至可能已经政息人亡，成为史书里或近或远的亡种灭族的记载。

所以，无论我们今天的处境多么艰难，只要我们有决心去战斗、去消灭它，我们就会视之为无关痛痒的小疾。昔日我们抵御外侮、决胜生死之役的武器，今天仍在我们手中，我们依然可以用它去赢得今天和明天的战斗。

那么，我们如何才能战胜敌人，成功应对当今的挑战？我们如何才能改变现状，剔除那些与我们的价值观和文化格格不入的外来邪说？问题的答案就在过往的经验和教训中，在不同历史阶段的一场场战斗中。我亲爱的兄弟，让我们记住我们在阿尔及利亚是如何取得胜利的，我们更要知道全体阿拉伯民族如何才能从胜利走向胜利。法国对阿尔及利亚的占领不同于那些只顾占领领土、掠夺资源、剥削人民的帝国主义冒险活动。法国对阿尔及利亚的殖民统治并没有止步于掠夺这个国家的资源，他们进而要抹去这个国家的阿拉伯身份，使之成为法国领土的延续。他们禁止使用阿拉伯语而强制推行法语，试图割断阿拉伯人民与其文化和传统的联系。

法国人就是用这样的手法干涉阿尔及利亚的国事，占有和影响其土地、农业、城市、语言及文化。他们把阿尔及利亚的一切都据为己有，但却置其人民的生死于不顾！

从被法国占领的第一天起，阿尔及利亚人民就没有停止过抗争和战斗。阿尔及利亚人很早就知道他们进行的这场战斗的性质，他们知道这是一场生死存亡之战，要么生存要么灭亡，要么作为一个民族继续存在，有自己的语言、文化、信仰和独立，要么分崩离析、永远消失。

这场战斗就其本质而言是阿尔及利亚人为保存阿拉伯身份和穆斯林信仰的斗争，这是他们行使自由意志的工具，也是他们建设未来的力量。我一直记得一位阿尔及利亚作家举过的一个例子，以不容置疑的方式表明了阿拉伯和穆斯林情感深藏于阿尔及利亚人的心中，男人、女人都是如此。这位作家说，当侵略者对阿尔及利亚村庄的进攻越来越野蛮和残酷，阿尔及利亚人一个接一个倒下的时候，发生在山区的战斗上演了一幕幕英雄传奇，让所有形式的抵抗和牺牲都黯然失色。英雄们的抵抗如此惨烈，侵略军攻入这一地区的时候，他们发现能够拿枪的人已全部战死。法军指挥官意识到，这一地区的抵抗之所以如此顽强，是因为这个地方名叫拉拉法蒂玛，根据赛义达·法蒂玛的名字命名，他是先知穆罕默德的女儿，愿真主降平安于他。对当地的居民而言，拉拉法蒂玛是他们的圣地。

伊斯兰教和虔诚的宗教情感占据了阿尔及利亚人民心中最神圣的位置，在反对法国殖民占领的斗争中发挥着巨大作用，也阻止了殖民者限制伊斯兰教的企图。坚守伊斯兰教和阿拉伯语成为民族抵抗运动的重要特征。

对斗争性质的认识，对斗争的实际结果和战场胜负的认识，是阿尔及利亚人民反抗殖民者残暴统治的斗争的首要特点。

阿尔及利亚革命始终是一场人民运动，这是第二个特点。阿尔及利亚解放军由来自偏远乡村的男人组成，有老者也有青年，民众支持他们，民众赤裸的胸膛成为保护解放军的盾牌。正是民众用自己的财产和生命使这个产生了百万烈士的国度赢得了胜利。我们都不会忘记殖民者对阿拉伯世界的轮番入侵，我们都会记得阿尔及利亚是第一个遭到入侵的国家，那是在1830年。1881年突尼斯也遭此厄运。殖民政权不断扩大在阿拉伯世界的势力范围，于1882年占领埃及。1948年，巴勒斯坦遭到犹太复国主义者的占领。最初的阿尔及利亚和最后的巴勒斯坦，他们都是帝国主义围攻阿拉伯世界的牺牲品，他们行动的实质是反抗外来入侵势力，也正是这一点后来促成他们各自的团结抗争。

所以，如果说阿拉伯国家饱受军事占领和军事基地之苦，他们的经济为外人所左右，财富遭掠夺，人民受剥削，那么先是阿尔及利亚，然后是巴勒斯坦，这两个国家最直接地感受到殖民带来的痛苦。

因为有着一种独一无二的革命觉悟，阿尔及利亚人民深知自身处境意味着什么，于是他们奋起抗争。这是阿尔及利亚人民抗击外国侵略者英雄壮举的第三个特点，它使阿尔及利亚革命被全体阿拉伯民族的热血亲情所包围，不仅生存下来，而且发展壮大。于是，阿尔及利亚人民以阿拉伯传统为武器抗击他们的敌人。经验表明，分裂的阿拉伯世界会让殖民者、贫弱和落后趁虚而入；我们的团结和我们对阿拉伯和伊斯兰身份的真正认同是我们通向进步和独立的唯一道路。

阿尔及利亚人民革命的第四个，也是最后一个特点是，阿尔及利亚革命的胜利不是在谈判桌上，而是在战场上取得的。这是一个无可辩驳的事实。胜利的到来并非一蹴而就，而是经历了漫长而艰辛的岁月，是勇士们拼死抗敌的战果，而非敌人的盟友从中调和的结局。

亲爱的兄弟们，这些都是我们从阿尔及利亚革命中学到的经验，一如我们从远近的历史中获取的经验。所有这些经验，无论近在阿尔及利亚，还是远在巴勒斯坦，或是在阿拉伯世界的某一个角落，我们必须牢记在心，使之成为我们生命的一部分！

今天我们已经认识到，在破败不堪的国土上升起国旗，并不是真正的独立。我们已经懂得，现代性托词下的外来生活方式也不是真正的进步。任何经济产品都不可避免地是一种文化产品，这不仅仅是因为它的生产方法和技术带有思想和文化的烙印，更是因为所有物质产品的生产都是思想和文化潮流的反映，它们促使新习俗的出现，而这些习俗不久也将深植于民族性格之中。

无论在政府还是民众层面，我的阿尔及利亚兄弟都已经意识到，结束外国占领实际上只是一个开端。独立将继续是一项未尽的事业，直至我们赢得决战的完全胜利，确定阿尔及利亚国家认同、保持阿拉伯和伊斯兰属性的决战。

事实上，你们一从开始就意识到文化问题是独立问题的一部分，你们意识到，保持阿拉伯和伊斯兰属性是你们进行过的所有的战斗的最重要的一方面，因为它可以强化你们的国家独立，帮助你们建设和发展阿尔及利亚。

正是在这一点上，阿尔及利亚的阿拉伯化问题获得了最深刻的意义和无可比拟的重要性。阿尔及利亚人民视国家的阿拉伯化为其革命的战略目标之一，是其文化革命的不可或缺的一部分。这一文化革命，连同农业和工业革命，其目的就是拓展个人的潜能。这是一项民族主义事业，应继续占据阿尔及利亚知识和文化斗争的前沿阵地。归纳起来，这项事业关乎政治、经济、社会领域的若干至关重要且相互依存的问题。这是一个国家能否在精神和意志上实现进步和独立的问题，进一步说，是能否在文化、思想，以及其他方面实现解放的问题。但最为重要的是，这首先是我们真正的传统到底是什么的问题，是一个生存还是毁灭的问题！

赢得这场阿拉伯化的战斗，意味着打赢一场赢得独立的战斗。这就是为什么那些抵制法语而坚持讲阿拉伯语的人值得我们尊敬。他们发自内心地反对贬低阿拉伯语、质疑其价值的那些人。这些人看不起阿拉伯文明，怀疑保持阿拉伯文化传统的重要性。

我们强调源自伊斯兰文明的文化认同，实际上就是承认阿尔及利亚正在沿着正确的道路走向进步与繁荣。那些真正坚持传统的人并非要回到过去，而是把过去作为向未来前进的坚实基础。坚守传统的革命者，对改变现实往往慎之又慎。我们的传统是一个充满智慧和远见的巨大的宝库，会帮助我们在目前的失败和沮丧中做出革命性的选择。我们现在试图将自身的各种能力与现代世界相联系，从而实现使自身发展、壮大的目标，但是我们如果不坚定地站在阿拉伯伊斯兰文明的根基之上，这个目标就断然不可能以正确的方式实现。有了这个根基，我们就能审视和理解他人的经验，评估其正反两方面的作用。文化态度总是有其政治的影响和后果。有人认为我们可以采取一种反对西方帝国主义统治的自由的政治立场，而无需完全独立于西方的文化霸权，这种观点无知而且毫不可信。

如果说我们今天所处的世界是一个大国统治的世界，那么我们将既没有自由也没有生路，除非我们在政治、经济、文化上获得完全的解放。只有以我们的阿拉伯伊斯兰文明为依托，我们才能实现这一目标。如果我们希望赢得完全的胜利，我们面前的道路只有一条，这是一条团结之路，因为我们必须意识到我们正面临同样的危险、同样的敌人，我们有着同样的命运！

帝国主义分子占据着世界的中心位置，出现在我们的家门口，等待我们露出破绽。他们依然被过去的旧梦所驱使。我们团结起来，共同面对威胁的时刻已经到来了吗？我之所以这样说，是因为我对我们的力量有着十足的自信，我们有力量在通向未来的道路上披荆斩棘、奋力前行！话到此处，我的目光聚焦于我们过去非凡的经验，聚焦于伟大的阿尔及利亚，一个将一如既往地忠实于自己、忠实于自己的民族和历史、忠实于阿拉伯伊斯兰革命的国家！

愿真主保佑你们平安。

演讲结束后，就在我刚才做演讲的文化宫，我们参观了阿尔及利亚的国家新能源展。在展览会上我们看到了各种工程和建筑模型，比如防辐射技术研发中心，核安全、能量转换研发中心，以及高技术研发中心。展示的模型还包括物理技术实验室、图像处理装置，以及新能源与科学研究设备，例如，在不通电的村庄使用太阳能。

1986年3月17日上午，我们前往君士坦丁省，参观那里的历史文化名胜。我们当天上午就抵达君士坦丁机场，迎接我们的是君士坦丁总督西迪·赛义德·哈米德先生，君士坦丁省的执政党[1]分部领导人布·迪尔巴勒·塔希尔，以及部分官员。

我和迎接我的高级官员一一握手问候，一位阿尔及利亚小姑娘向我献花。然后，我们前往君士坦丁大学参观，主要是考察那里的伊斯兰教研究。在君士坦丁大学，我们受到好朋友谢赫穆罕默德·加扎利校长和部分教授的欢迎。我参观了这所大学的各个院系，让我特别感兴趣的是那里的物理实验室、国家视听辅助中心、拥有大约80万藏书的大学图书馆、社会科学系，以及学校的大礼堂。参观完君士坦丁大学，我们又参观了一家拖拉机厂，见识了拖拉机部件的现代化生产过程，听取了厂长关于拖拉机不同生产制造阶段的详细介绍。

接着我们来到君士坦丁省政府大楼，西迪·赛义德·哈米德总督为我们一行举行官方宴会，欢迎我们的到访。宴会之后，我们前往阿卜杜勒·卡迪尔·贾扎伊里大学，参观那里的各系和图书馆。晚上，我们回到阿尔及尔城区。

我们在君士坦丁的参观行程，由阿方陪同团团长，灌溉、环境与森林部长穆罕默德·鲁艾基，以及哈希米·卡杜里大使

1　阿尔及利亚执政党，1954年11月1日成立，前身为团结与行动委员会。1963年9月，制定了阿尔及利亚第一部宪法，宣布民族解放阵线为全国唯一政党。1977年易名为阿尔及利亚民族解放阵线党。1988年恢复阿尔及利亚民族解放阵线的名称。

陪同。

当天晚上，我在阿尔及尔的下榻处会见了阿尔及利亚外交部长，艾哈迈德·塔利布·易卜拉希米博士。穆罕默德·易卜拉辛·朱艾德和哈希米·卡杜里两位大使参加了会见。

次日，也就是3月18日，我上午的安排是游览阿尔及尔城区，包括国家博物馆、动物园、拜尼姆运动与娱乐公园、青年马术训练中心、以及国家森林研究院。参观博物馆时，我听取了关于博物馆各展区的详细介绍，其中农业展区是我特别关心的部分，那里的果园种植有专供研究使用的来自各大洲的果树。博物馆工作人员还向我介绍了他们饲养的动物和种植的树木。

在拜尼姆公园，我们看到若干体育设施和十个运动场地，青年马术训练中心有40匹阿拉伯马。我们还参观了一个动物和花卉博物馆，它的开设目的就是鼓励人们从事动植物养殖。阿尔及利亚森林研究院种植有各种树木3139棵，包括当地树种800棵、沙漠植物43株、稀有树木640种、珍贵树木35种。

在另一方面，阿尔及利亚报纸高度赞扬了阿拉伯联合酋长国与阿尔及利亚的兄弟般的亲密关系。一些报纸在头版刊登关于我的履历的详细介绍，并对我的访问做了跟踪报道。

3月18日下午，我在阿尔及尔的下榻处再次会见了阿尔及利亚外交部长，艾哈迈德·塔利布·易卜拉希米博士。参加会见的还有我的随行人员和穆罕默德·易卜拉辛·朱艾德大使。阿尔及利亚方面参见会见的有负责全程接待的灌溉、环境与森林部长穆罕默德·鲁艾基和哈希米·卡杜里大使。会见结束后，我又和易卜拉希米博士进行了闭门会谈。

会谈结束后，我们在易卜拉希米博士的陪同下前往机场。登机前我发表简短谈话，感谢阿尔及利亚官员在我访问期间对我的热情招待。我说：“在阿尔及利亚，我们发现了一个英雄的阿拉伯民族主义的国度，一个信奉原则、科学的国度，她的经验应该成为阿拉伯世界效仿的楷模。”

我还表示，希望阿拉伯世界的东部地区和西部地区加强联系，充分利用阿尔及利亚的专业人才和先进经验，以及这个兄弟国家的劳动力资源。

我和随行人员从阿尔及尔机场出发，飞往伦敦。这次伦敦之行是一次私人访问。

第十章

红色酋长

1986年伊始，多项活动接连展开，涉及经济、慈善、伊斯兰事务等领域，本章重点记述其中几件大事。

中国与阿拉伯联合酋长国

1986年1月5日上午，我在沙迦会见了中国国际贸易促进委员会主任王耀庭[1]和他率领的代表团。中华人民共和国驻阿拉伯联合酋长国大使胡昌林参加了会见。王耀庭先生当天一大早就抵达沙迦。沙迦工商会的部分董事也参加了会见。

王耀庭先生会见结束后向媒体表示，双方在会谈中讨论了阿拉伯联合酋长国，尤其是沙迦在经济与社会发展方面取得的成就，以及中国与阿联酋各领域的关系发展所经历的各个阶段；双方还就推动两国关系的途径展开了讨论。王耀庭先生还证实，双方都坚信两国关系在所有这些领域都有巨大的发展空间。

1　王耀庭，1973至1986年任此职务。原文的人名拼写为“Wang Yao Ching”，称“Mr Ching”。

海湾合作委员会希望营

1986年1月19日，我宣布残疾人“希望营”野营活动开营，并为海湾合作委员会残疾人艺术展揭幕。两项活动皆由沙迦城市人道服务中心组织举办。一个来自海湾合作委员会六国的由六十人组成的代表队进入营地，联合酋长国派出了六支代表队参加，分别代表希望学院、智障儿童教育院、教育部特殊教育班，以及阿布扎比和迪拜的残疾儿童关爱中心。

野营活动的主要目的是为了显示残疾儿童的能力和技巧，为他们创造加强彼此联系的机会。另一目的是提升社区对致残原因的认识，改进预防残疾发生的方法。野营活动由人道服务中心牵头，联合沙迦文化部、阿塔残疾人俱乐部，以及沙迦童子军委员会共同举办。野营活动在人道服务中心的所属场地举行，同时进行的还有一个艺术品展示，展品全部由海湾合作委员会成员国的残障儿童制作。参加野营的队员还将在专人陪护下开展拉练活动，参观联合酋长国的重要景点和名胜。参加这次野营活动的队员人数超过一百人，他们都是患有轻度智障、轻度肢体残疾、失聪、失明的各类残疾儿童。野营活动过程中还将举行丰富多样的文体活动，有音乐、摄影、绘画、农业、植树、手工制作，也有娱乐和体育比赛。

我到达营地后，开营式随即开始，乐队演奏阿拉伯联合酋长国国歌。出席开营式的各界人士包括：时任沙迦艾米瑞办公室主任的谢赫萨利姆·阿卜杜拉·本·萨利姆·卡西米、劳工与社会事务部长赛义夫·贾尔万、劳工与社会事务部助理副部长阿卜杜拉·哈马德·阿布·谢哈布、部分沙迦高级官员、阿卜杜勒·拉赫曼·阿卜杜拉博士、居民代表、当时在联合酋长国的联合国活动协调员，以及海湾合作委员会成员国领事。

开幕式的第一项内容是朗诵《古兰经》，随后沙迦残疾人信托投资会成员马吉德·阿卜杜拉·穆尔希德发言，他说，海湾合作委员会国家的公民已经对残疾人和他们的困难有了更多的了解，他们变得比以往更乐意为残疾人提供尽可能最好的服务；人们已经普遍接受这样的观点，服务残疾人不仅是权利和义务，也是对未来的投资，对国家建设的投资。穆尔希德在发言中还高度赞扬我对残疾人事业做出的努力，称我为善行的支持者。关于我出席开营式，他说："对于所有为野营活动成功举办做出贡献的人来说，这是最大的愿望和期盼。这次活动是海湾地区重要的政治事件。"穆尔希德提醒公众及早采取措施的重要性，只要方法得当，就能有效防止残疾症状的恶化。他还指出，"希望营"呼吁"消除阻碍残疾人发展的障碍，为残疾人提供真正一体化的社会服务"。

来自卡塔尔的阿里·苏尔坦·米斯费里代表所有代表队发言，表达他个人和全体人道领域从业人员对沙迦城人道服务中心的工作表示感谢，这个机构已成为光明的中心，是每个残疾人的家园。他说:"我们都非常清楚服务中心对残疾人生活各方面的积极影响，连续多年举办的"希望营"活动是其成功的真实体现，服务中心主办丰富多样的活动，目的就是要把社会上的残疾人组织和团结起来。"

米斯费里还指出，我们所有人应该坚持和践行一句口号：残疾无法阻止一个人成为对社会有用的人。他还说，我们必须切实努力，追赶先进国家，改进服务。米斯费里在发言中还感谢我对海湾地区营员的热情周到的安排，感谢我对人道主义事业提供的所有的支持和帮助。

接着，沙迦童子军委员会成员升起本届“希望营”参与国家的国旗。升旗仪式后，我宣布同期进行的艺术展开幕，展品布置在营地周围，有手工制品、羊毛工艺品、儿童服装、传统工艺品、绘画、摄影等，另外还有花卉、陶瓷装饰品。

海湾合作委员会残疾人关爱与康复中心下属的针对聋哑、盲人、智障及伤残的各部门，都参加了艺术展。海湾合作委员会各国教育部负责特殊需求的部门展示了他们的教育辅助设备，这些设备专门针对智障学习者的学习困难而设计。

我接下来又视察了“希望营”工作委员会和计算机、绘画、和手工制作工作坊。

关爱残疾人的重要性

在“希望营”举办的过程中，沙迦城市人道服务中心推出了一本希望营手册。在为手册作的序中，我强调关心残疾人，使其融入社会的重要性。不仅如此，还要依据伊斯兰教的原则，提升他们的生活技能，帮助他们服务国家和全人类。根据伊斯兰教，“一个穆斯林与另一个穆斯林的关系就像一座房子的构件，相互支撑，彼此借力”。

关于“希望营”的组织工作，我写道，在向残疾人提供服务和帮助方面，沙迦城市人道服务中心迈出了新的一步，这些帮助和服务使残疾人成为社会中具有创造力的积极因素，正如《古兰经》训示，“你们当为正义和敬畏而互助，不要为罪恶和横暴而互助。”先知默罕默德（愿真主降平安于他）说过：“穆斯林之间的友善与同情如同一个人的身体，一个部位遭受病痛，另外的部位也会感到痛苦。

我向人道服务中心付出的努力表示敬意，并希望我们付出的所有努力会给残疾儿童带来快乐。

手册包含沙迦城市人道服务中心简介，它被认为是“海湾国家和阿拉伯半岛阿拉伯家庭组织”的地区分支机构。

在我的赞助下，沙迦城市人道服务中心于1979年10月20日成立，最重要的目标是提升全社会对残疾人问题的认识，改进给残疾人提供的服务，通过相关问题的讲座和研讨，改善残疾人的社会、文化、心理和健康条件。服务中心建有聋哑学校，当时在校的一至六年级男女学生共有150人。学校还有一所附属幼儿园，40名同年龄段的儿童入园。1985年，幼儿园增设智障儿童分部，当时接受了80名智障儿童，他们被分成三组，一组具有一定程度的学习能力，另一组可以接受训练，第三组则专门为需要物理治疗的儿童设置。

残疾人服务中心包括一个职业培训部门，学生达到一定的学习阶段，将接受职业培训。学生们将掌握某种职业或工作技能，比如刺绣和缝纫、家政、印刷、商业，以及装订。当时在校学生50人，有男有女，来自沙迦各地。

也是在1985年，沙迦城市人道服务中心在霍尔法坎开设分部，接受学生45名，分别就读于盲校和智障学校。第一届“希望营”开营时，人道服务中心主席谢哈贾米拉·宾特·穆罕默德·卡西米收到沙迦文化部的贺电，对服务中心为“希望营”活动付出的努力表示衷心感谢。

开办养老院

1986年3月30日，我签署法令，决定在沙迦开办养老院。根据这项法令，养老院的年度预算亏损将由沙迦政府承担，法令还允许养老院在沙迦酋长国各地开设分部。

养老院接收年老的男女公民入住。一个五人委员会被授权负责监管养老院的日常运行。委员会成员由酋长指定，任期三年，可以连任。

第二届儿童文化节

1986年2月8日上午，我为第二届儿童文化节开幕剪彩，文化节由沙迦文化部主办，持续到2月14日。我按传统的方式剪断彩带，文化节正式开幕，彩色的气球和成群的鸽子放飞空中。文化节的第一项内容是在会展中心举办的儿童书展，参展的出版社超过三十五家，展出图书五千多册，包括儿童故事和童话，以及专为儿童设计的教育类电脑游戏。另外还有一个儿童艺术展，来自沙迦教育区基础教育低年级的男孩子和女孩子展出了一千多幅绘画作品。

类似的活动在卡尔巴、霍尔法坎和迪芭同时举行。

沙迦戏剧节（第三阶段）

1986年3月17日，沙迦戏剧节的第三阶段开始，持续至3月27日结束，那一天是沙迦国际戏剧日。八个本地戏剧表演团体参加了第三阶段的戏剧节，以“戏剧为社会”为主题的几场文化研讨会也在戏剧节期间举行，多名艺术家参加，他们是萨德·阿尔达什（埃及）、福阿德·沙提（科威特）、阿卜杜勒·拉赫曼·马纳伊（卡塔尔）。

第五届雕塑艺术年展

1986年4月19日晚，受我的指派，在沙迦会展中心，沙迦艾米瑞办公室主任，谢赫费萨尔·本·哈立德·本·苏尔坦·卡西米宣布第五届雕塑艺术年展开幕。这次年展是第三届国家艺术节的一部分，由沙迦文化部主办，持续至4月30日结束。

艺术节专门为科威特当代艺术展设置了展厅。展览由科威特雕塑艺术协会主办，哈利法·卡坦和阿卜杜勒-阿齐兹·穆罕默德·阿尔迪两位艺术家参展。联合酋长国雕塑艺术年展协会的各展厅展出了协会成员的作品，另外还有工作室艺术家和摄影家的作品。

第五届沙迦书展

1986年11月4日，我在会展中心宣布第五届沙迦书展开幕。书展由沙迦文化部主办，持续至11月15日结束。参加书展的出版社和组织的总数达到320家，展出的图书超过3万种。

作为书展的外围活动，主办方还举办了一系列讲座和研讨会，众多阿拉伯作者应邀参加。其中的知名作家有法鲁克·舒沙（埃及）、塔伊布·萨利赫（苏丹）、哈立德·沙特·扎伊德（科威特）、苏莱曼·伊萨（叙利亚）、阿卜杜勒·拉赫曼·高尼姆（叙利亚）；著名诗人包括阿里·赛义德·阿多尼斯（叙利亚）、哈比卜·塞夫（阿拉伯联合酋长国）、萨米赫·伊萨（叙利亚）、阿卜杜勒·瓦希德·易卜拉辛（突尼斯）、赫斯马特·卡西姆（埃及）。

表彰优秀学生

1986年4月9日，在我的赞助下，学业优秀学生的第三次表彰典礼在这一天举行。我向学业优秀的学生赠送了奖品，表彰他们在1985年5月的考试中取得的优异成绩。在典礼上受到表彰的还有在《古兰经》和文化比赛中获奖的学生。社会服务和课外活动表现突出的学校也受到表彰。典礼在法蒂玛·扎赫拉学校的礼堂举行。

在我夫人谢哈贾瓦赫·宾特·穆罕默德·本·苏尔坦·卡西米女殿下的赞助下，沙迦教育区组织举办了类似的典礼。学业优秀和学校竞赛获奖的女学生受到表彰和奖励。典礼在也典礼在法蒂玛·扎赫拉学校的礼堂举行，时间是1986年4月10日上午。两个典礼共表彰了150名在1985年5月的考试中成绩优异的男生和女生，他们因此被提升到更高的学生级别，或者获得不同等级的学校证书。在各类活动中获得第一名的学校也受到表彰和奖励。

在典礼的最后，我向记者表达了对学生家长的感激之情，他们为学生营造了安静、平和的学习氛围，帮助学生获得优异的成绩。

我感谢教育部和沙迦教育区，是他们以令人高度称赞的效率完成了任务。我还要感谢老师们，是他们的辛勤工作换来我们学生的品学兼优。我强调，正是因为各方面协调一致的共同努力，才有了去年和今年的突出成果。

我还向记者强调了我对每一所学校的支持，我希望对下一代的关心不能只是教育部一方的职责，也应该是当地社区和街区的责任。我还提到，许多地方都成立的儿童中心和体育活动中心，让孩子们有了释放能量的去处，而且政府为不少学校修建了体育馆，为学生提供强身健体的场所，将“健康的心灵栖居于健康的身体”这句格言付诸实践。

我呼吁老师们加倍努力，用真诚和奉献履行自己的职责。我还向学生，向我的兄弟姐妹们发出呼吁，希望他们尊敬老师，待他们以尊严和敬重。我还鼓励学生们发奋努力，为自己赢得大家的好口碑，并祝他们所有的努力都取得成功。

在表彰典礼上除了有歌曲、小品、音乐演奏等节目外，还有体育项目展示、体操，以及当地的传统舞蹈表演，令观众大为赞叹。表演节目时，孩子们身着民族服装，或其他样式的服装，五颜六色，非常漂亮。有些孩子扮成医生、士兵、工程师、士兵，或者画家，还有的孩子扮成小丑、童子军，或运动员，他们高举旗帜和标语牌，上面的内容都是强调关心儿童的重要性。

十辆不同形状和颜色的狂欢节彩车参加了表彰仪式后的庆祝活动。彩车做成鱼、船、茶杯、或者动物形状，里面载着孩子。一支来自卡尔巴的私人童子军队伍在卡尔巴剧院表演了颇具特色的童子军操练。庆祝活动持续了一周时间。

庆祝活动的节目包括在沙迦的非洲礼堂演出的话剧《阿布·阿里》，以及横穿沙迦城的狂欢大巡游。第一届文化论坛也在庆祝活动期间举行，主题是“传统歌曲、游戏及儿童故事：其社会、心理及教育价值”。作家协会的纳吉卜·沙姆西先生和文化与新闻部的优素福·艾达比博士参加了论坛，一名记者在论坛宣读了论文。论坛当天下午六点在会展中心举行。

狂欢大巡游穿过沙迦扎伊德区的街道，队伍中有艺术和体育表演，还有儿童歌曲演唱。巡游队伍后来转向马利哈和马达姆区。

在东部地区，庆祝活动包括艺术展和儿童书展，分别在卡尔巴、霍尔法坎和迪芭希森的体育俱乐部和儿童图书馆举行。晚上的时候，各地有话剧演出。卡尔巴话剧团在卡尔巴影剧院演出话剧《塔瓦·马赫多姆》，作者法尔汗·布勒布勒（叙利亚），导演赛义德·哈达德（联合酋长国）；霍尔法坎剧院演出话剧《森林卫士》，作者法尔汗·布勒布勒（叙利亚），导演优素福·哈利勒。

视察萨加的天然气液化厂

1986年4月19日，我启程视察位于萨加地区的天然气液化厂。到达那里时，迎接我的是国务部长兼石油矿产部长谢赫艾哈迈德·本·苏尔坦·卡西米殿下，公司董事会主席，还有工厂的部分工程师和管理人员。

视察过程中，我参观了工厂的各生产部门，包括天然气液化的压缩、分解设备，以及操作和控制室。我听取了关于天然气处理的过程的详细介绍，了解到专业技术人员可以通过工厂的微缩模型控制生产过程。天然气经过纯化和脱水装置，去除其中的杂质和水蒸气，然后进入分馏装置压缩和液化。在分馏装置里，液化天然气被分解为丙烷、丁烷和轻烃，再通过30公里长的管道输送到哈姆瑞亚地区，在那里丙烷、丁烷被冷却到非常低的温度并泵送至储存罐，准备出口到其他国家。

离开萨加，我前往新近完工的哈姆瑞亚的港口视察，港口的官员向我详细介绍了货物在港口装船的过程，接着我察看了刚刚建成的冷却装置和储存罐。由于我们连续不断的监督，工程比原定工期提前一个月完工。

那时候，哈姆瑞亚港可停靠装载量八万五千立方米液化天然气的货船。港口水深15米，液化天然气厂刚建成时每天的产量是四亿四千万立方英尺，每年产出丙烷二十三万吨、丁烷十七万吨和轻烃二十二万吨，各种产品的年总产量达到六十二万吨。

美国新墨西哥州的伊斯兰中心

1986年5月28日，我接待了美国新墨西哥州伊斯兰中心主席，努尔丁·道尔奇教授，他在美国出生，有基督教背景，后来皈依伊斯兰教，并以极大的虔诚服务于自己的信仰。

会见时，道尔奇教授向我介绍了伊斯兰中心的运转情况和它的教育体制。他告诉我伊斯兰中心如何向年轻一代教授伊斯兰戒律，以及如何培训教师和让他们了解世界范围内的伊斯兰问题。

努尔丁·道尔奇教授到访的目的之一是希望我为他的一个新项目提供物质和道义上的支持。道尔奇教授的这个项目计划在阿尔伯克基市的郊区修建一座伊斯兰村庄，里面有伊斯兰风格的圆顶建筑，村民们在伊斯兰教的氛围中生活：村里的每一个角落都能听见祈祷声，市场上出售的是清真肉食，随处随地可以做礼拜，所有的伊斯兰节日都要举行庆典，村里的学校教授阿拉伯语和伊斯兰戒律。我同意承担穆斯林村庄的行政管理支出，直至村庄取得道尔奇教授所希望的成就。

红色酋长

1986年1月，美国驻迪拜领事联系我，希望我会见一个当时正在迪拜酋长国访问的美国代表团。

“但是明天是星期五，我们休息。”我对美国领事说。

“他们不会占用您太多的时间。”领事这样回答。

“代表团都有哪些人呢？”我问。

“他们会向您做自我介绍的。”领事回答说。

星期五上午，我在赛义夫宫的办公室接见了三个人，我们的谈话进行的很热烈。

“但是，我是在和谁说话呢？”我问。

“我们是美国国会外交事务委员会成员，我们此行的目的是调查与美国中东政策有关的一些问题，希望您能开诚布公，实话实说。”

“但是我们的谈话内容应该严格保密。”我提出要求。

“谈话将不会留下记录，并且保密。”他们当中的一个人回答说。

于是我对他们说：“美国外交政策取决于三个根本因素，这三个因素控制了美国的选举：

第一个因素与美国的石油公司有关，美国外交政策的设计是为这些公司的利益服务的。这就是为什么，如果哪个国家拥有石油资产，美国政府就对它反人权、破坏环境的行为视而不见。

第二个原因与武器工厂有关，为了武器工厂能继续制造武器，对他国的入侵就不能停下来，也就必须对和平的人民发动战争。

第三个因素与犹太复国主义者的游说集团有关，他们为以色列的利益而游说。美国在犹太游说集团的压力下，可以置联合国决议于不顾，而且只要有支持巴勒斯坦权利的决议，美国每次都会动用否决权。

谈话结束，三位美国国会议员离开时，他们根本无法相信刚才听到的这些话。他们也从未听到过这样的话，以后也不可能再听到任何类似这样的话。一个人只有完全沉浸于共产主义意识形态中，而且与美国资本主义对立已经到了势不两立的程度，才能表达出这样的思想。这就是他们对我的一致评价。

1986年6月初，我见到一位英国朋友，他告诉我：“昨天我遇见一位美国朋友，他是一名国会议员。当我告诉他我要和你见面时，他显得有些不知所措，问道：‘你为什么要和这个人来往？’”他说的“这个人”就是我。

我的英国朋友告诉我，他对美国议员说：“他是谢赫苏尔坦，沙迦国酋长。”国会议员则回答说：“那他就是一位红色谢赫，是个彻头彻尾的共产主义分子。”我的英国朋友想听他解释，美国议员于是说：

> 我是国会外交事务委员会成员。我们收到过一份报告，由国会外交事务委员会的三名成员人提交。报告是关于他们为调查美国中东政策的若干问题而进行的一次旅行。报告是这样写的：
>
> 1. 访问肯尼亚时，我们要求他们在若干领域和美国合作，但肯尼亚当局要求对这件事保密。
>
> 2. 访问索马里时，我们要求他们在若干领域和美国合作，而且向他们保证对我们之间的合作保密。但是他们说，西亚德·巴雷总统坚持将这一合作公开化。
>
> 3. 访问阿拉伯联合酋长国时，我们拜访过沙迦酋长国酋长谢赫苏尔坦·卡西米，此人是已经拥护苏联思想的共产主义酋长。

1986年6月14日晚，我抵达美国首都华盛顿，下榻水门饭店。次日，也就是6月15日，联合酋长国驻华盛顿大使艾哈迈德·马格里布举行盛大招待会，邀请了美国和阿拉伯重要人物，以及阿拉伯和非阿拉伯国家外交使团成员。我的犹太人朋友阿尔弗雷德·利连索尔博士也在其中，他是一位富有胆识的记者，值得信赖的历史学家，一位能言善劝的演讲者。以色列国成立以来，利连索尔博士始终坚持自己的原则，他的一句名言表达了他的立场："以色列国旗并不代表我。"我在招待会上见到他时，他谈到了我们之间的友谊，谈到他在我身上发现的，但在别的朋友那里找不到的一种真诚。

那天晚上，马格里布大使告诉我，美国助理国务卿理查德·墨菲希望和我见面。我推辞了，因为这次是私人访问。马格里布大使还说，他已经向助理国务卿解释了我此行的私人性质，但他还是坚持会面。于是我只好同意，知道他肯定会提起红色酋长的问题。

1986年6月16日上午，助理国务卿来到我下榻的饭店。没有太多的寒暄，我便开始谈论我们本该共有的原则和价值观，以及它们为什么总是被误解和错误的想法所阻止。

我对他说:"如果你们想让我们穿上这件'红色衬衫'，我们不反对！"

助理国务卿插话进来："我来只是想了解您邮寄到美国某些中心的包裹。"

我回应说："哦，原来是这样。那些包裹有两百个，都是《古兰经》的录音和经文的解释，是我寄给美国的几个伊斯兰中心的。"

第十一章

从萨那到喀土穆

访问也门共和国

1982年2月20日，我接待了也门共和国总统阿里·阿卜杜拉·萨利赫，他出访阿曼苏丹国，在沙迦机场停留。在机场稍事休息后，萨利赫总统前往沙迦城最重要的名胜和景点参观游览，包括奥鲁巴大街、中央市场、哈立德湖、可汗地区、沙迦海港、还有联盟大街。参观持续了几个小时，之后我们返回沙迦机场，我和萨利赫总统在机场话别。短暂的访问期间，萨利赫总统邀请我访问也门，我接受了邀请，前提是双方能在不远的将来就访问时间达成一致。

1986年10月27日，我接见了也门阿拉伯共和国驻联合酋长国大使穆罕默德·哈特姆·哈维，联合酋长国驻也门大使阿卜杜拉·卢塔也参加了会见。也门大使为我带来也门总理，常设委员会委员阿卜杜勒-阿齐兹·阿卜杜勒·加尼博士的邀请信，邀请我访问也门。我接受了邀请，但前提是阿里·阿卜杜拉·萨利赫总统本人向我发出邀请。最后双方同意访问时间定在下一年的二月。

1987年2月14日上午，我从沙迦机场出发去萨那，当天中午抵达，开始了对也门共和国为期三天的访问。也门是包括苏丹在内的此次访问行程的第一站。

在萨那国际机场，我受到总理阿卜杜勒-阿齐兹·阿卜杜勒·加尼博士、政府和军队高级官员、以及也门共和国人民大会代表的欢迎。阿卜杜拉·卢塔和穆罕默德·哈特姆·哈维两位大使也到机场迎接。

一名女童子军向我献花，然后我在也门总理的陪同下走上观礼台，乐队奏阿拉伯联合酋长国和也门共和国国歌。检阅仪仗队之后，我和前来欢迎的各位要员一一握手问候。

欢迎仪式结束后，我们前往访问期间下榻的共和宫。陪同我们的是也门交通部长艾哈迈德·穆罕默德·翁西，他是我此次访问的接待委员会主席。

访问开始的时候，我向新闻界发表了以下声明：

> 此时此刻，站在这片阿拉伯土地上，在我们的第二故乡，在阿拉伯也门共和国，我和我的代表团满怀喜悦之情。也门在我们的心中，在全体阿拉伯人的心中有着特殊地位。我期盼与总统，武装部队最高指挥官阿里·阿卜杜拉·萨利赫上校的见面，向他和也门人民转达谢赫扎耶德·本·苏尔坦·阿勒纳哈扬总统殿下和阿拉伯联合酋长国民众的问候。
>
> 我相信，我们对阿拉伯也门共和国的访问，愿真主保佑，将使两国和两国人民之间长期存在的兄弟般的关系迈出新的一步，我们希望这一关系将给两国人民带来幸福与安宁。

> 我们祈求真主的保佑，希望这次会晤将加强两国间的兄弟情谊和友谊，从而实现我们翘首以盼的全体阿拉伯民族的团结。阿拉伯世界的现状需要更多的协调一致和领导人之间的会晤。

1987年2月14日晚，也门总统阿里·阿卜杜拉·萨利赫上校在他的位于萨那的武装部队总部办公室会见了我。参加会见的有总理卜杜勒·阿齐兹·阿卜杜勒·加尼博士，副总理兼常设委员会委员阿卜杜勒·卡里姆·阿里亚尼博士，以及部分也门官员。阿卜杜拉·卢塔和穆罕默德·哈特姆·哈维两位大使也参加了会见。会见时，我向阿里·阿卜杜拉·萨利赫总统转达了谢赫扎耶德·本·苏尔坦·阿勒纳哈扬总统殿下最美好的祝愿。会谈主题是两国间的亲密关系，以及进一步加强这一关系的途径。

当天下午，在与也门总统的会晤结束之后，我和随行的代表团一起游览萨那城。陪同我们的是交通部长艾哈迈德·穆罕默德·翁西，以及阿卜杜拉·卢塔和穆罕默德·哈特姆·哈维两位大使。游览行程包括萨那老城和那里的出售银器、刀具、和手工制品的商店。

接着我参观了阿尔瓦·宾特·艾哈迈德清真寺，它是伊斯兰教出现后修建的第一座清真寺，也是大清真寺图书馆的所在地，收藏有两万五千份手稿，包括一份伊斯兰教初期的《古兰经》手稿，是我见到的无价之宝。我还参观了一些古代建筑，其中就有前基督时代修建的加姆达尼宫，它被认为是也门古代文明最伟大的作品之一。

下一站是也门国家博物馆。博物馆建筑原是伊玛目叶海亚·哈米德·迪恩的一座宫殿，建于1933年。也门革命[1]后宫殿改用作博物馆，收藏有前伊斯兰和伊斯兰时期的文物，也有赛伯伊、迈因、希米亚里特文明的实物展品。博物馆里还陈列有表现战场景象的塑像和雕刻。接着，我们一行又参观了追溯也门军事历史的军事博物馆，博物馆展示了直至也门革命的不同时期的军事发展。

当晚，也门总理阿卜杜勒-阿齐兹·阿卜杜勒·加尼博士在萨那的希尔顿饭店设宴款待我和代表团一行。出席宴会的有几位副总理、多名部长，还有部分最高顾问委员会、常设委员会和人民制宪大会成员。另外，几名武装部队的高级军官也参加了宴会。

1987年2月15日上午的行程包括萨那大学和附属于文物局、藏有珍贵书籍的国家图书馆。图书馆1969年建成以来，一直为学生和研究者提供服务，我参观的时候看到了不同历史时期的文物。

离开国家图书馆，我接着来到萨那大学，参观学校的各个院系和部门，受到校长阿卜杜勒-阿齐兹·马加莱博士、学校高级官员、以及系主任们的欢迎。萨那大学校长向我赠送了校徽和学校出版的历史书。我还参观了艺术系的文物博物馆，那里陈列有古代也门的文物，有工具、动物雕像、汉白玉人物雕像、古钱币，还有各类伊斯兰教文物，如，墓碑、手稿、香薰炉、烛台、硬币、传统武器等。

在博物馆的贵宾留言簿上我写道："感谢领导这所大学的我的各位兄弟，感谢他们的热情好客和清楚讲解。我希望他们继续

1　1962年，北也门发生革命，建立阿拉伯也门共和国，成为第一个摆脱殖民统治宣告独立的阿拉伯国家。

取得成功。”

参观行程结束后，我们离开萨那飞往马里卜机场，于中午前到达。马里卜省副省长阿卜杜拉·阿卜杜勒·拉赫曼·迈达尼和数名高级官员到机场迎接。

我们直接前往马里卜水坝参观，陪同我们的是也门交通部长艾哈迈德·穆罕默德·翁西和穆罕默德·哈特姆·哈维、艾哈迈德·阿卜杜拉·卢塔两位大使。对方向我详细介绍了马里卜新水坝工程，坝体用300万立方米的砾石筑成，高38米，长763米，位于两座山之间。大坝估计的最大蓄水量为4亿立方米，可满足5万公顷耕地的灌溉需要。我们参观时的蓄水量估计为总量的四分之一，约为1亿立方米。大坝身后的湖面约为30.5平方公里，湖水来自萨那东面的山区和扎马尔、拉达等地。大坝有两扇垂直开启的坝门，流量为每秒35立方米。我试着开启控制门，让水流通过。

在大坝的贵宾留言簿上我写道：“见证历史在阿拉伯联合酋长国总统谢赫扎耶德·本·苏尔坦·阿勒纳哈扬殿下的手中再生，令我倍感自豪；阿里·阿卜杜拉·萨利赫总统阁下许下的诺言，为我们视为阿拉伯民族骄傲的马里卜水坝带来了新生，改变了民族的存在和生活方式。愿真主保佑两位国家元首。”

接着我们来到建于公元前七世纪的旧坝遗址。大坝被认为是赛伯伊和南方阿拉伯文明最重要的历史遗迹，为长达一百多公里的萨巴谷地沿线提供了满足常年需求的灌溉网络。

参观完大坝，我们来到马里卜的总统宫，副省长设午宴招待我和随行人员，人民大会代表、合作发展当地委员会的成员，还有一些官员和民众参加了宴会。

当天下午，我们从马里卜飞往塔伊兹省。塔伊兹省长，常设委员会成员穆赫辛·优素菲中校带领当地官员到机场迎接。另外还有塔伊兹旅指挥官兼常设委员会成员达义夫·阿拉中校、人民大会代表、地方议会代表，以及部分政府高级官员和司法部的官员。我在塔伊兹的行程由交通部长艾哈迈德·穆罕默德·翁西陪同。

晚上，塔伊兹省长在塔伊兹城的共和宫为我和随行人员举行晚宴。负责陪的交通部长艾哈迈德·穆罕默德·翁西，塔伊兹的高级官员，以及穆罕默德·哈特姆·哈维和艾哈迈德·阿卜杜拉·卢塔两位大使出席。晚宴过程中，我向塔伊兹省省长赠送了礼物，感谢他的盛情款待。我们当晚下榻于共和宫。

1987年2月16日上午，我们先游览塔伊兹城，然后前往60公里以外的哈立德·伊本·瓦利德军营参观。副指挥官穆罕默德·穆赫辛·纳赫米接待了我们，并向我赠送了军营的徽章留作纪念。

接着我们前往距塔伊兹城大约104公里的摩卡港。参观完港口设施和摩卡城的历史古迹，我们来到摩卡发电厂，迎接我们的是电站经理，阿卜杜勒·哈米德·瓦哈布利工程师，他向我们详细介绍了这座1983年投产的热电厂的建设过程。电厂有四个发电机组，总装机容量为160兆瓦，每个机组40兆瓦。我们参观时有三个机组在运转，发电容量为120兆瓦。第四个机组建在一个月内完工。

在塔伊兹，全程陪同我的有交通部长艾哈迈德·穆罕默德·翁西、省长穆赫辛·优素福中校、塔伊兹旅指挥官达义夫·阿拉中校。当天下午，我和代表团离开塔伊兹返回萨那。

1987年2月16日晚，也门之行的最后一个晚上，总统阿里·阿卜杜拉·萨利赫在他的武装部队总部办公室接见了我。会见中，我们进行了诚挚、热烈的交谈，我对亲眼见到的也门建设和发展成就、卓越的城市建筑表示钦佩，对兄弟国家也门所拥有的大量历史名胜表示景仰。会见时我们还互赠了纪念品，我向也门总统赠送了具有象征意义的银质佩刀，他送给我两件礼物：著名的也门剑和具有也门风格的坎加尔刀。我的随行人员、也门交通部长艾哈迈德·穆罕默德·翁西，以及穆罕默德·哈特姆·哈维和艾哈迈德·阿卜杜拉·卢塔两位大使也参加这次了会见。

当晚，我还出席了联合酋长国驻也门大使艾哈迈德·阿卜杜拉·卢塔举办的宴会。出席宴会的人员包括：负责内部事务的副总理兼常设委员会委员，穆贾希德·阿布·沙瓦利布中校；人民制宪大会代表兼常设委员会委员，谢赫希南·阿布·卢霍姆；另外还有阿拉伯和其他国家驻也门大使，以及联合酋长国驻萨那使馆的职员。

1987年2月17日上午，我启程参观也门的几个发展项目。我们首先来到纺织集团总厂，董事会主席艾哈迈德·卢霍米接待了我们，简要介绍了个建于1964年的工厂的情况。

集团总厂共有男女工人1500名，每天生产35000码棉布和混纺布。总厂包括一个纺织部门和一个印染部门，维修和备件部门可以满足全厂75%的需求。另外还有若干制衣车间。这家工厂生产了也门武装部队的全部军服，同时还可满足国内20%的民用需求。

我们参观的第二个发展项目是有线和无线通讯学院。接待我们的是院长阿卜杜拉·科博西，他带我们参观学院的各个部系，介绍学院的教学和研究活动，以及学院在也门下一步发展计划中扮演的角色。学院提供两年制的职业培训，并向有线和无线通讯，以及电算会计领域的国民提供相关专业的学位。陪同我参观的有交通部长艾哈迈德·穆罕默德·翁西、社会事务与劳工部长穆罕默德·奥洛菲、还有默罕默德·哈特姆·哈维大使。

离开完通讯学院，我们返回下榻的共和宫。在那里我见到前来为我送行的也门总理，一番愉快、热烈交谈后，他陪我去机场。

我在2月17日中午前离开萨那，飞往喀土穆。临行前，也门方面在萨那机场为我举行了官方的告别仪式，总理阿卜杜勒-阿齐兹·阿卜杜勒·加尼博士，几名副总理和常设委员会委员，人民制宪大会代表，以及部分政府高级官员和军方、警方的高级军官、警官到机场为我送行。

我和前来送行的要员问候致谢，然后在也门总理的陪同下走上观礼台，乐队演奏阿拉伯联合酋长国和阿拉伯也门共和国国歌。国歌演奏结束后，我检阅了仪仗队。

在向新闻界发表的声明中，我表达了访问我的第二故乡也门的愉快心情，并感谢阿里·阿卜杜拉·萨利赫总统对我及代表团的热情周到的接待和款待。我对也门总统和内阁成员服务国家的不懈努力表示钦佩，高度称赞也门在科学技术方面取得的进步。同时，我也对阿拉伯联合酋长国与也门共和国之间兄弟般的友谊深表欣慰，这一友谊的基础由谢赫扎耶德·本·苏尔坦·阿勒纳哈扬殿下和阿里·阿卜杜拉·萨利赫总统亲手奠定。在飞机上，我给阿里·阿卜杜拉·萨利赫总统发了感谢电：

在离开我的第二故乡之际，我和我的代表团非常高兴地向阁下、向您的政府和慷慨的人民，就访问伟大国家也门期间受到的热情款待，致以最深切的感谢。

我们亲眼目睹了也门的发展与繁荣，这是您的英明领导和您为国民的进步与幸福不懈努力的明证。为了您的国家和整个阿拉伯世界的福祉，我祈求万能的真主引领您前行。我祝愿尊敬的也门人民在您的英明领导下，取得更大的进步与繁荣。

访问苏丹

1987年2月17日上午我离开萨那，开始对喀土穆进行为期四天的官方访问。我收到访问邀请的时间是1986年10月28日，那天我会见了苏丹驻联合酋长国大使阿卜杜勒·拉提夫·阿卜杜勒·哈米德·易卜拉辛，和大使一同前来的还有喀土穆大学校长优素福·法德尔博士，他当时正在联合酋长国访问。大使向我转交了苏丹总统，共和国国家议会主席艾哈迈德·米尔加尼的正式邀请，邀请我为喀土穆大学沙迦礼堂的落成揭幕。这座礼堂由沙迦政府出资建造。优素福博士还提到，在我访问期间喀土穆大学将举办科学研讨会，主题是“阿拉伯及非洲关系的进步”，研讨会由非亚研究院和阿拉伯历史学家协会联合主办。

飞机在喀土穆机场一降落，苏丹总统的礼宾办公室主任就出现在机舱，引导我们下飞机。在飞机的舷梯旁迎候我们的官员包括：国家议会成员，穆罕默德·哈桑·阿卜杜拉·亚辛；卫生与社会福利部长，侯赛因·阿布·萨利赫博士；联合酋长国驻喀土穆代理大使，艾哈迈德·胡斯尼。

在机场，两名苏丹小姑娘向我献花，然后我们检阅了列队站立的仪仗队，接下来我和前来欢迎的要员一一握手问候，他们是政府部长、高级官员，以及驻喀土穆的外交使团成员。负责接待的陪同团团长由工程、住房与社会设施部长，穆罕默德·塔希尔·贾拉尼担任。

在机场贵宾厅短暂停留时，我向记者发表了以下声明：

> 来到宾至如归的苏丹，我从内心最深处感受到源于此次访问的巨大的喜悦，不吐不快。这次访问是我亲眼见证苏丹进步与发展的重要机会。我盼望与我的苏丹兄弟见面，特别是总统兼国家议会主席阁下。同时我也希望这次访问将代表我们在发展两国牢固关系的道路上迈出新的一步。我对苏丹政府官员表示敬意，他们为解决长期积累的问题付出了艰巨的努力，他们辛勤工作，促进苏丹的发展、稳定和繁荣。我希望在这个重要的时刻转达阿拉伯联合酋长国总统谢赫扎耶德·本·苏尔坦·阿勒纳哈扬殿下，以及联合酋长国政府和人民，对在我们心中占有特殊地位的兄弟国家苏丹的最美好的祝愿。我们祈求真主赐予苏丹更大的进步与繁荣。

在机场稍作休息，我们在苏丹国家议会成员穆罕默德·哈桑·阿卜杜拉·亚辛的陪同下，前往下榻的共和宫。

当天晚上，苏丹总统兼国家议会主席艾哈迈德·米尔加尼在喀土穆的友谊宫会见了我和随行的代表团，国家议会成员穆罕默德·哈桑·阿卜杜拉·亚辛和伊德里斯·班纳参加了会见。米尔加尼总统授予我荣誉绶带，以表示对我支持发展苏丹—联合酋长国关系的高度认同。下列人员被授予“一等国家奖章”：沙迦酋长办公室主任，谢赫费萨尔·本·哈立德·本·穆罕默德·卡西米殿下；沙迦艾米瑞办公室主任，谢赫费萨尔·本·哈立德·本·苏尔坦·卡西米；联合酋长国驻苏丹大使奥贝德·祖艾比，以及联合酋长国外交部礼宾主管。

“双尼罗河奖章”被授予：劳工与社会事务部长，哈勒凡·鲁米；联邦国民议会前主席，塔里亚姆·本伊姆兰·本·塔里亚姆；沙迦酋长顾问，阿卜杜勒·拉赫曼·加尔万。

“二等双尼罗河奖章”被授予：艾哈迈德·阿卜杜拉·卢塔大使；沙迦礼宾办公室主管苏尔坦·苏韦迪；军事联络官阿里·阿卜杜拉中校。

会见时，我和米尔加尼总统就两国的双边关系、阿拉伯与伊斯兰问题交换的看法，特别是稍早前在科威特举行的伊斯兰峰会上提出的问题。

谢赫扎耶德·本·苏尔坦·阿勒纳哈扬殿下在化解阿拉伯和伊斯兰世界的误解、建立联合阵线方面扮演了重要角色，米尔加尼总统对此表示赞赏。接着，米尔加尼总统以苏丹国家议会主席的身份发言，对我访问苏丹表示欢迎。他说：

> 今天，我们国家非常荣幸地欢迎谢赫苏尔坦·本·穆罕默德·卡西米殿下的到访，殿下是苏丹民主事业的最重要的支持者之一。我们欣赏他明白无误的意见和思想的表达，因为殿下的语言一向清晰、直白。他对阿拉伯世界的团结深信不疑，他的宗教思想完全源于对伊斯兰教的忠诚。作为我们的朋友，殿下是他的第

二故乡苏丹的最受欢迎的客人。

与米尔加尼总统的会见结束后，我在其喀土穆的住所会晤了苏丹总理萨迪克·马赫迪。之后马赫迪总理对媒体说："这次会晤使两国有机会就感兴趣的问题交换意见。"

但是，我和马赫迪总理在其住所的花园里谈话时，谈到那几位军官的审判问题，他们在加法尔·尼迈里执政时期参与了攻打尼罗河阿巴岛的行动，后来遭到逮捕。

我问马赫迪："你们与埃及的关系如何？"

他回答："很好。"

我又问："你们是否已经原谅胡斯尼·穆巴拉克派飞机轰炸您的住所？"

"是的，我们原谅他了。"马赫迪答道。

"记住这个原则：一个人必须原谅和自己最亲近的人；一个人如果有宽恕的力量，就应该宽恕他人。这个原则适用于那些正在被审判的人。"

马赫迪不希望继续这个话题，于是对我说："让我们去行昏礼吧。"

虽然还没有听到呼拜声，我的随行人员也加入行昏礼的行列。萨迪克·马赫迪亲自领拜，我们把拜垫铺在草地上，开始礼拜。礼拜过半的时候，附近清真寺的喇叭传来呼拜声。马赫迪没有理会，继续做礼拜。

行完昏礼，马赫迪在花园的一个角落和我道别，他看起来有些心烦意乱。我独自走向停在门外的的汽车，正要上车的时候，马赫迪跑了过来，再次和我道别。

当天晚上，米尔加尼总统在友谊宫为我和代表团成员举行晚宴，部分苏丹政府部长和高级官员，以及驻苏丹的外国使节出席。晚宴后，我在友谊宫的剧场观看了民间文艺表演。

1987年2月18日，我为喀土穆大学沙迦礼堂落成揭幕。我为修建沙迦礼堂捐资200万美元，礼堂将用作阿拉伯与非洲对话的场所，将有助与加强非洲与阿拉伯国家的关系。整个建筑包括一个可容纳280人的主会堂和一个可容纳60人的小会议厅，另外还有供技术和管理人员使用的办公室和设备间。礼堂装备了当时最先进的会议设备，比如，可译入和译出四种语言的翻译系统、复印设备、电影放映机、自动录音机、以及准备会议文件所需的各种工具，这些工具能合理节省会议的文件使用量。

参加落成仪式的有艾哈迈德·米尔加尼总统、坦桑尼亚副总理兼国防部长艾哈迈德·萨利姆、喀土穆大学校长优素福·法德尔、喀土穆大学各系主任、驻苏丹的阿拉伯国家大使，还有我的随行人员。

落成仪式以背诵《古兰经》开始，然后发言者先后发言，他们是非亚研究院院长赛义德·哈米德·希瑞兹，阿拉伯历史学家协会秘书长穆斯塔法·阿卜杜勒·卡迪尔博士，以及优素福·法德尔博士。他们在发言中高度称赞我为支持阿拉伯-非洲合作所做出的长期努力，称沙迦礼堂为一座灯塔，在非洲和阿拉伯世界之间发出文化和谐之光。

接着，我在落成仪式上演讲。以下是当时的演讲稿全文：

以最高贵、最仁慈的真主的名义。

总统先生，尊敬的各位教授、学者、科学家，亲爱的来宾，愿真主保佑大家平安。首先，我想借此机会表达参加今天这个大会的无比喜悦的心情。今天的大会之所以重要，并不是因为它使一群优秀的、对阿拉伯和非洲的重要区域问题感兴趣的学者和科学家今天得以聚集于此；其重要性在于它是探索和加强阿拉伯与非洲关系的持续且努力的一部分，这种努力既有历史的视野，又着眼于未来。

我亲爱的兄弟，在过去的十年中，阿拉伯和非洲双方都举办了很多研讨，召开不少会议，新的研究中心纷纷成立，数十种书籍、论文、期刊和报告先后出版，表明阿拉伯-非洲关系受到越来越多的关注，以及强化这一关系的必要性。

我参加了其中的部分会议，或在喀土穆，或在沙迦，每次我都无法掩饰心中的喜悦。参加这些会议使我，同样也使和所有关心阿拉伯-非洲关系的人士，能够追寻本地区发展和前进的步伐，在看到已有成就的同时，也看清前方的道路还有多长。

在前几次会上，就阿拉伯和非洲的关系，我提出了问题，也提供了解决问题的答案。但在今天的会上，我们还要问相同的问题吗？不断发生的、影响世界的变化向我们提出新的问题以前的答案仍然有效吗？或者，这些答案已经无助于我们应对面前的重大挑战吗？

距上一次非洲论坛1976年在沙迦召开已经过去十年。其间，旧格局在改变，新局面已出现，我们的阿拉伯和非洲世界见证了政治、经济、文化等领域的种种变化。其中的很多变化正在不断加深，用很多人的话说，事实上深得超乎想象。那么，我们已经做好了哪些准备去应对这些变化呢？我们如何才能自己驾驭自己的命运，克服前进道路上的障碍呢？

亲爱的兄弟们，在过去的岁月里，我们发展阿拉伯-非洲关系的努力从未停息，而且成绩不菲，今天的大会应该为已有的成就再添新功。如果通过研究和讨论，大会能制定出强化阿拉伯-非洲合作的新方案，如果大会放眼未来，而非自囿于陈旧思维，那么大会无疑将实现其目标。

亲爱的兄弟，这次大会召开于本世纪的第九个十年，这个时间本身就很有意义。召开于1884和1885年间的柏林会议距今差不多一百年，这是殖民国家瓜分非洲大陆的会议。也正是在那一时期，通过占领埃及、突尼斯和亚丁湾，帝国主义开始加强对阿拉伯世界的控制。过去的百年是充满斗争与牺牲的百年，有兴盛也有衰落，有胜利也有挫折，我们一路走来，直到我们身处今天的阿拉伯和非洲世界。对过去一百年的仔细研究让我们确信，阿拉伯人和非洲人过去赢得胜利的方法同样将引领他们战胜今天的困难，引领他们应对挑战、建设未来！

斗争的性质与方式也许不同，但是，胜利的原因并无差别：民族意志、全民族力量的团结、充满爱国情怀的自由的人民。亲爱的兄弟们，我们谈到阿拉伯人和非洲人时，我们并非认为他们是彼此隔离的、可区分的群体。科学研究已经表明，区分阿拉伯人和非洲人是没有根据的，这是一个你必须从内心深处感受的一个事实，因为我们同属一个群体！纵观历史，我们始终彼此相互影响，这种影响如此强大，以至于我们任何一方都无法否认彼此间联系的强度和深度，无论背后的动机有多么强大，理由是多么充分，也无论帝国主义分子处心积虑地制造出何种阴谋。

我亲爱的兄弟，我相信你们和我一样，视我们共同的未来为努力的目标。但我也同样相信，回顾过去，向历史的经验学习，将使我们迈向未来的脚步更自信、更明智、更有可能带领我们走向目标的实现。在这里，我要表达心中最深切的谢意。我想，所有有志于我们共同斗争的人都怀有同样情感。我要感谢我们的学者、思想家、大学生，我们的学术和研究中心，还有我们的出版社，感谢他们坚持不懈的努力，正是因为他们的艰巨付出，影响深远的阿拉伯和非洲人民友好往来的历史渊源才得以昭示。

在这里，面对我们的学者、研究人员，还有我们的知识界，我不再重复那些已成为常识的事实。请允许我提出几点看法，它们与我所认为的重大成就有关。这些看法实际上构成了实现阿拉伯-非洲合作的第一步，而且是更全面、更雄心勃勃的合作：

第一，我相信，而且我认为这是一个合理的观点，我们对历史的正确认知有助于我们将阿拉伯-非洲关系置于正确的历史环境。同样正确的是，如果我们了解自身历史的过程中能够成功地运用我们自己的史料，而不是求助于一个带有偏见的外国中介，那么我们将形成关于彼此的新的看法。这种新的看法将使帝国主义分子的虚假宣传和欺骗性主张无立身之地，从而使我们获得关于我们自身历史的正确理解，还历史以本来面目。

第二，和阿拉伯世界一样，非洲有自己的文化和文明。殖民者宣称，在欧洲人介入之前，非洲处于人类历史之外。你们的学者已经证明，殖民者的主张毫无事实根据。我们必须完全领会这一正确论断，我们的知识分子也必须完全领会，用以对抗西方文化霸权的企图。这是一个必须进入我们的教学大纲和媒体的史实。

第三，伊斯兰教为东部和西部非洲带来新的观念、国家治理方法、哲学体系、以及价值巨大的新的精神支柱，这一点不容置疑。然而，与西方文化不同，阿拉伯-伊斯兰文明既没有排斥，也没有毁灭原住民的价值观和文化，是一种联合文明，而非取而代之的文明。因此，阿拉伯和非洲之间的文化关系以平等交往为基础，是阿拉伯与非洲之间的双向交流。阿拉伯文明在非洲留下印记的同时，非洲文化也对阿拉伯艺术和阿拉伯语词汇产生了巨大影响。在海湾和阿拉伯半岛，人们可以强烈地感受到这一文化交流的影响。这种局面要求我们开展艺术教育项目合作，联合收集和出版有关我们共同文化遗产的著作和作品，难道不是吗？

第四，如果阿拉伯和非洲是第三世界的一部分，那么我们就可以说，阿拉伯和非洲构成了第三世界内部特殊的单位，其特殊性源于它所处的欧、美、亚之间的中间位置。而且，阿拉伯和非洲地区拥有丰富的资源和重要的战略物资，是一个巨大的宝库，也是庞大的消费品和投资市场，这使我们所在的地区显得更加重要。同时，这一地区也饱受战乱之苦，既有内部争斗，也有外部对抗。我们面临的危险不仅来自外部，比如，殖民国家为了国内的工业发展，长期不断地掠夺我们的资源；危险也来自我们内部。

面对政治、社会、经济的变化，我们的许多国家还没有明确的应对策略；更多的国家依然备受困扰，或者由于外部强加的枷锁，或者因为错觉或倦怠而自己画地为牢。我必须回答的一个关键问题是：我们如何才能形成阿拉伯与非洲的合力，建立足以应对未来挑战的独立的民族经济，作为平等的伙伴周旋于国际市场，而不是那个逆来顺受，被利用、遭剥削的一方？阿拉伯和非洲如何才能组织起来，动员国家资源、掌握现代科技，以谋求国家层面和整个非洲大陆的发展？

我们能够单枪匹马地前行于一条险象环生的通向未来的道路，最终实现完全解放、全面发展和真正的团结吗？

我们共同斗争的历史留给我们共同的传统和共同的民族解放的文化。历史留给我们的选项只有一个，那就是团结起来，共同面对殖民者的阴谋。我们必须团结起来对抗我们面临的严峻的，诸如干旱、沙漠化、债务，还有不断恶化的国际汇率等问题。我们必须赋予新的世界秩序新的意义，这种意义以进步、解放、民主为基础。

第五，也是最后一点，我亲爱的兄弟，在我看来，未来的工作有赖于两大支柱，我希望所有的知识、学术、文化、还有政治力量共同致力于两大支柱的建设：

首先，我们在阿拉伯和非洲各工作领域的全部贡献与创新，都应该成为一个整体的、以个体自由为基础的文化解放工程的一部分。

其次，通过丰富多样的民众的集体行动，使民间力量发挥更广泛、更有效的作用。民众的行为不应仅仅局限于支持政府的工作，而应有所超越。民间合作应该促使各支国民力量团结在解放和进步的理念之下，并同时将这些理念与我们共同的斗争历史和我们伟大的价值观相联系。

最后，请允许我感谢各位听完我的演讲，祝愿你们报效国家的努力不断取得成功，持续推进我们的共同事业！

愿真主保佑你们平安。

演讲结束后，喀土穆大学授予我法学荣誉博士学位，以表明对我在阿拉伯和非洲享有的学者地位的认同。接着，喀土穆大学教务长沙里夫·塔希尔也在大会发言。

落成仪式结束后，我在喀土穆大学校长的陪同下，参观了礼堂的各组成部分。另外我还逛了当天开幕的书展，这是为沙迦礼堂落成和阿拉伯-非洲关系研讨会专门举办的书展，将持续三天。书展上展出图书2000种，历史、民间和阿拉伯文学方面的书有150种之多。另外还有关于非洲和亚洲政治、经济问题的期刊和书籍。

在我的赞助下，阿拉伯-非洲关系论坛开幕，多位阿拉伯和非洲知名学者参加。论坛一直持续到2月20日，星期五。

坦桑尼亚副总理兼国防部长萨利姆·艾哈迈德·萨利姆向论坛提交了一篇论文，讨论阿拉伯与非洲关系，以及将此关系提升至合作层面的可能性，尤其是考虑到非洲大陆经济资源丰富的这一事实。他呼吁阿拉伯和非洲在各领域进行合作，特别是在文化领域。

阿拉伯教育文化与科学组织总干事，毛希丁·萨比尔博士在发言中谈到阿拉伯与非洲的文化关系。他形容我是阿拉伯与非洲关系问题的权威，指出卡瓦西姆部落在建立阿拉伯和非洲联系的过程中发挥的作用，尤其在东部非洲。在他提交给论坛的论文中，他强调必须以实际行动支持阿拉伯与非洲文化关系的发展。

1987年2月19日，快到中午的时候，苏丹民主联盟党主席穆罕默德·奥斯曼·米尔加尼来到我下榻的喀土穆共和宫，邀请我出席为我举行的晚宴。我接受了邀请，表达了此次访问苏丹的愉快心情，并希望阿拉伯联合酋长国与苏丹开展互惠合作。

下午，在穆罕默德·奥斯曼·米尔加尼先生和几位苏丹高级官员的陪同下，我登上“诺扎号”游船，进行了水上观光和野餐。

晚上，行完晚礼，我动身前往民主联盟党总部。在距离总部大楼约半公里的地方，我们遇到了欢迎的人群。他们一边高唱宗教歌曲，一边击打铃鼓，动作和谐一致，让我想起埃及苏菲舞里的吟唱者。跟在边走边唱宗教歌曲的欢迎人群的后面，我们进入总部的大院，歌声和口号声也随之更加洪亮。在总部大楼前，我们受到众多民主联盟党成员的欢迎。

这时，我问米尔加尼:“今天上午你告诉我说，你们的党员里有大量的南方基督徒，他们为什么没有被邀请参加宴会？”

“我邀请过他们。”米尔加尼回答。

“他们在哪里呢？我想和他们打个招呼。”我说。

米尔加尼领着我来到大楼里的一个房间，他打开门，我看见这间小屋子里挤满了南方的基督徒。我和他们握手致意，然后一起走到餐桌旁。院子里摆满了餐桌。我在主桌落座，歌声、口号声仍在继续，我转向坐在旁边的米尔加尼。

我问:“您认为宗教歌曲和口号能把这些南方人争取过来吗？”

我抬起头，注视坐在我前面的人，他是前总理贾兹瓦里·达法。我一直盯着他看，他从我的眼神看出了当时萦绕在我心中的想法: 要是你在任就好了！

离开民主联盟党总部，我直接赶往喀土穆机场，准备从那里飞回沙迦。艾哈迈德·米尔加尼总统率队为我送行。在送行的要员中还有苏丹国家议会的部分成员，联合酋长国驻喀土穆代理大使艾哈迈德·胡斯尼，以及驻喀土穆的外交使团成员。

离开喀土穆时，我给米尔加尼总统发电报，对我在访问苏丹期间受到的热情款待，向他表达深切的谢意。

真主保佑，1987年2月20日一大早，我和代表团成员平安抵达沙迦。